MATERIALS
INFORMATION

PROLOGUE

건축의 마지막 매듭

재료를 완성하는 건축 하드웨어

1999년 필라델피아 설계사무소에서 일하던 무렵, 벽돌로 마감한 대학교 건물의 도면 작업에 참여하게 되었다. 이형벽돌 한 장까지 꼼꼼하게 확대평면도를 그리고 있는데, 당시 나이가 지긋했던 어소시에이트 아키텍트 Associate Architect, 마이크 Mike 가 옆에 앉더니 연필을 들었다. 그는 벽돌을 쌓는 원리, 하중과 진동을 견디는 긴결 하드웨어, 물을 처리하는 후레싱 Flashing, 공기 순환을 위한 통풍구 등을 모눈종이에 자세히 그려가며 시공 방식과 역할을 설명해주었다. 벽돌 뒤에 일정한 간격으로 숨어 재료를 보조하는 '하드웨어'와의 첫 만남이었다.

재료는 어떻게 붙어 있는 걸까? 그 무게가 전달되는 방식은 무엇일까? 앵커는 어떻게 선택하고 설치할까? 이런 질문은 22년이 지난 지금도 하드웨어를 제대로 이해하지 못한 채 도면을 그리고 시공하는 이곳의 현실과 맞물려 있다. 비용 때문에 하드웨어를 설치하지 않는 건축 현장, 결국 몇 년 뒤 물이 새고 모르타르가 떨어져 나가거나 재료가 썩어가는 모습을 보며 마이크가 설명해주던 하드웨어에 대한 기억을 떨쳐버리지 못해왔다.

건축은 완공 후 시간이 지나면서 그 결과가 나타난다. 일부는 문제없어 보이다가도 균열과 부패로 좀먹어 대대적으로 보수해야 하는 상황을 맞기도 한다. 건축 하드웨어는 화려하지 않은 데다 겉으로 보이지 않아 많은 이들이 간과한다. 하지만 이 작은 부재는 재료와 재료를 이어주고 기울어진 바탕에 힘을 고르게 전달해 건물의 균형을 유지한다. 힘을 덜고 충격을 완화하며 부재를 단단히 붙잡아 비바람과 눈, 계절의 시간을 견뎌낸다. 이렇게 하드웨어는 건축을 건축답게 구축하고 전체를 완결하는 매듭이 된다.

공간의 품격을 좌우하는 인테리어 하드웨어

1t이 넘는 유리문이 어린아이의 작은 손에 열리고 닫힌다. 높은 장을 쉽게 여닫도록 하며 잦은 충격을 흡수해내는 보석 같은 존재가 있다. 숨어서, 때로는 그 모습을 드러내며 공간 속 부분의 아름다움을 책임지는 인테리어 하드웨어가 그 주인공이다. 그들은 창호나 가구, 가전, 수전의 일부가 되어 기능을 수행하는 숨은 근육이자 화룡점정으로 공간의 분위기와 품격까지 좌우한다. 특히 최근 많은 요소들이 전자화, 제품화되면서 공간은 마치 하나의 완성품처럼 움직이고 연동해 반응한다. 공간은 결국 재료를 통합하고 하드웨어화 되는 방향으로 발전해나갈 것이다. 넘쳐나는 제품들 속에서 판단할 수 있는 기준을 세우고 기초적인 내용이라도 정리하고자 한다.

첫 시도가 모든 걸 만족시키지는 못하겠지만, 이 노력이 부족함을 채워가는 시작이 될 것이라 믿는다. 건축의 완성을 위한 재료 쓰임의 끝단, 하드웨어를 여기에서 시작한다.

—
2021년 3월
발행인 윤재선

발행 배포_ 에잇애플㈜
First published and distributed by 8apple ltd.

GARM magazine

에잇애플 주식회사
06580 서울특별시 서초구 서래로6 B1층
B1, 6, Seorae-ro, Seocho-gu, Seoul, Korea
T: 02-537-1536
F: 02-537-1532
E-mail: info@8apple.kr
garmmagazine.com
garm_magazine
garmssi

감16 건축 하드웨어
GARM ISSUE 16 Architectural Hardware

초판 1쇄 발행 2021년 3월 22일
초판 2쇄 발행 2023년 2월 22일

발행인_ 윤재선 | 기획 및 자문_ 정사은 | 자문_ 심영규
에디터_ 정신오, 정경화 | 디자인_ 스튜디오 베이스 | 참고도판_ 김지원
사진_ 이수연 | 교정·교열_ 하명란

발행처_ 에잇애플(주)
출판등록 2017. 4. 14.(제2017-000078호)
ISBN 979-11-89485-14-6 | 979-11-89485-13-9(세트)

※
이 책은 저작권법에 따라 보호받는 저작물이므로 무단전재와 무단복제를
금지하며, 이 책 내용의 일부 또는 전부를 이용하려면 반드시 사전에 저작권자와
출판권자의 서면 동의를 받아야 합니다.

All rights reserved. No part of this publication may be reproduced,
stored in a retrieval system, or transmitted in any form or by any
means, electronic, mechanical, photocopying, recording, or
otherwise, without prior consent of the publisher.
Printed in Seoul, South Korea

GARM

감16
건축 하드웨어

GARM ISSUE 16
ARCHITECTURAL HARDWARE

garmSSI

EDITORIAL LETTER
보이지 않기에 더욱 빛나는 존재

"건축 하드웨어라면 정확히 무엇을 다루는 건가요?" 이번 책을 준비하면서 자주 들은 질문이다. 하드웨어는 건축 분야 종사자에게도 비교적 낯선 단어다. 수전처럼 매일 사용하고 손잡이처럼 시선을 끄는 모습으로 존재감을 드러내는 인테리어 하드웨어와 달리 건축 하드웨어는 건물이 완성되고 나면 보이지 않기에 짓는 사람만이 그 존재를 알 수 있다. 그렇다면 과연 건축 하드웨어는 구체적으로 무엇일까? 이들은 그림자처럼 보이지 않는 곳에 자리하는 데다 건축물에 외피를 입히고 구조체를 지지하는 등 다양한 목적으로 사용하기에 한마디로 정의하기가 어렵다. 그러나 궁극적인 목적은 부재를 연결하고 고정하는 것이다. 단편적으로 하루에도 몇백 명이 드나드는 건물이 태풍이나 지진 같은 자연재해와 외력을 버티며 견고하게 자리를 지킬 수 있는 것은 못이나 볼트처럼 작디 작은 하드웨어가 건물의 요소들을 단단히 붙잡고 있기 때문이다.

전부 똑같아 보이는 목재가 구조재와 가구재, 외장재로 나뉘는 것처럼 건축 하드웨어도 함께 사용하는 건축재료에 따라 종류가 달라지고 설치 방법에도 차이가 생긴다. 이번 책에서는 재료를 기준으로 하드웨어를 구분했다. 우선 목구조로 대표되는 목재와 주변에서 흔히 볼 수 있는 벽돌, 그리고 콘크리트와 석재, 타일과 유리를 후보로 선정했다. 사전 조사를 한 결과 콘크리트는 틀에 붓고 굳히는 방식으로 짓는 재료라 하드웨어의 활용이 제한적이었고, 유리는 대규모 건물 전체를 감싸는 커튼월 시스템으로 접근하는 경우가 많았기에 하드웨어를 개별적으로 고르고 적용할 가능성이 낮았다. 타일은 하드웨어보다는 모르타르나 접착제로 고정하는 편이라 후보에서 제외했다. 이렇게 재료의 특성과 공법을 고려하여 하드웨어의 면면을 가장 효과적으로 소개할 수 있는 재료를 선별했다.

그동안 감 매거진이 자재에 관해 이야기했다면 이번 편은 자재를 잘 사용하는 방법론을 다룬다. 그간 깊이 접해보지 않은 분야였기에 범위를 결정하는 것부터 섭외나 취재, 조사까지 어느 것 하나 쉽지 않았다. 하지만 깊숙이 잠겨 있던 하드웨어를 수면 위로 끌어 올리기 위해 건축물을 효율적으로 시공하는 솔루션을 고민하고 실현하는 사람들을 부지런히 찾아다녔다.

구조체가 건축물의 뼈대를, 마감재가 피부를 이룬다면 하드웨어는 이들을 일체화하여 움직이는 근육이다. 그간 외피가 주는 아름다움이나 구조의 강인함에 집중했다면 이제는 더 오래 지속하는 건축을 위해 근육에도 주의를 기울여 보자. 이 책을 발판 삼아 그간 가려져 있던 하드웨어의 역할을 발견하고 건물을 짓는 더 나은 방법으로 활용하게 되었으면 한다.

_
책임에디터 정경화

유연한 형태가 인상적인 시카고 링컨 파크 Lincoln Park 동물원의 파빌리온. 얇게 켜낸 목재를 하드웨어로 고정해 직조한 듯한 모습을 구현했다.

미국 노스이스턴 대학교 과학공학 단지 홀 전경. 원형 계단에 유리 패널 난간을 설치하여 깔끔하고 탁 트인 느낌을 준다.

네덜란드의 건축가 MVRDV는 인장력이 뛰어난 케이블을 그물 모양으로 배치하고 클램프로 고정하는 케이블 네트Cable Net 공법을 적용해 마켓홀Market Hall의 거대한 투명 입면을 완성했다.

스위스에 위치한 바젤 전시장 Exhibition Center Basel. 기다란 형태의 알루미늄 판재를 하나하나 고정해 물결치는 입면을 완성했다.

14   1. INTRODUCTION OF ARCHITECTURAL HARDWARE

16 Key Words 건축 하드웨어에 대해 알아야 할 다섯 가지 이야기
20 Types of Connector 지지하고 잇다: 대표 연결 하드웨어 4선
24 Types of Fastener 단단하게 체결하다: 대표 고정 하드웨어 6선
30 Collaboration Material 하드웨어와 함께 사용하는 단짝 자재 7선

34   2. STORY OF ARCHITECTURAL HARDWARE

36 History of Hardware 근대건축 속 하드웨어의 역할과 발달
40 Hardware in Oriental Wooden Architecture 동양 전통 목조건축 속 하드웨어의 적용
44 Market of Hardware 건축 하드웨어 시장의 현주소와 개선 방향
48 Hardware of Atypical Architecture 비정형 건축의 구현, CNC 형상제어 공법에서 해답을 찾다

54 3. ARCHITECTURAL HARDWARE SOLUTION BY MATERIAL

3.1 Wooden Architecture Hardware 목조건축의 하드웨어

58 Types of Wooden Architecture Hardware 구조에 따라 구분하는 목조건축 하드웨어의 종류
66 Variation of Hardware 다채로운 기둥-보 구조 하드웨어의 세계
70 Interview 목재와 철물로 짓는 집: 스튜가목조건축연구소 김갑봉 대표
78 Interview 편리한 시공을 돕는 다채로운 기술: 심슨 스트롱타이
82 Interview 보이지 않는 방법으로 획득하는 아름다움: 로쏘블라스

3.2 Brick Hardware 벽돌 건축의 하드웨어

88 Types of Brick Hardware 벽돌을 지지하는 하드웨어의 종류와 사용법
94 Interview 지진에 대비하는 벽돌 하드웨어: 대도벽돌시스템 원종균 회장
98 Interview 벽돌집, 그 과정으로의 순례: 소수 건축사사무소, 쓰리스퀘어

3.3 Stone Panel Hardware 석재 패널 건축의 하드웨어

108 Types of Stone Panel Hardware 석재 패널을 설치하는 공법과 하드웨어의 종류
112 Issue 석재를 고정하는 똑똑한 방법

3.4 Railing Hardware 난간의 하드웨어

122 Types of Railing Hardware 고정 부위에 따른 난간 하드웨어의 분류
126 Interview 하늘을 담은 우물, 그 깊이를 가늠하다: 건축사사무소 에스오에이

132 4. SUPPLEMENT

134 건축 하드웨어 브랜드 정보

1
INTRODUCTION OF ARCHITECTURAL HARDWARE

Key Words

건축 하드웨어에 대해 알아야 할 다섯 가지 이야기

건축에서 하드웨어는 재료를 서로 연결하고 고정하는 장치를 통칭한다. 하드웨어의 다양한 종류를 살펴보기에 앞서 건축 하드웨어의 주된 기능인 접합의 의미와 역할, 그리고 그 중요성에 대해 짚어본다. 글 정경화

부재를 잇고 고정하는 건축 하드웨어

접합의 사전적 정의는 서로 맞대어 붙이거나 한데 닿아 이어지는 것이다. 수많은 부재를 조합해 하나의 공간을 완성하는 건축에서 자재를 연결하는 접합은 구축 방법의 가장 기본이 된다. 대표적인 종류로는 시멘트 모르타르를 이용한 접착, 금속을 녹여 하나로 잇는 용접과 납땜이 있고, 그 밖에 자석이나 진공상태의 압력, 테이프의 마찰력을 이용한 방식도 있다.

건축 하드웨어를 이용한 접합은 다양한 방식 중에서도 연결 하드웨어AHc와 고정 하드웨어AHf로 부재를 결속하는 것을 의미한다. 이 방식은 부재가 영구적으로 결합하는 용접과 달리 자재에 손상을 입히지 않고 연결할 수 있으며 제거나 분해가 가능하다. 또한 인발력, 압축력 등 물리적인 힘을 이용하기 때문에 자재의 물성과 성능을 바탕으로 지지 하중을 가늠하고, 건물 전체에 걸쳐 구조계산을 할 수도 있다.

건축 하드웨어의 분류: 연결 하드웨어와 고정 하드웨어

건축 하드웨어는 크게 구조재와 외장재를 잇는 연결 하드웨어(커넥터, Connector)와 직접 체결을 담당하는 고정 하드웨어(패스너, Fastener)로 나뉜다.

연결 하드웨어는 부재를 서로 붙잡거나 하중을 고루 분산시키는 방법으로 접합을 돕는 보조재다. 대개 ㅡ자, ㄱ자, ㄷ자 등 연결 부위에 맞춘 형태이고 고정 하드웨어를 체결할 위치마다 구멍이 뚫려 있다.

고정 하드웨어는 두드리거나 돌리는 기계적인 방법으로 둘 이상의 부재를 체결하는 조임쇠를 뜻한다. 주변에서 흔히 볼 수 있는 못AHf01이 가장 대표적인 고정 하드웨어다. 주로 석재나 목재 같은 자재를 구조체에 단단히 고정하는 역할을 한다. 이들 두 하드웨어는 부재에 함께 작용하며 건축물의 하중을 지지하고 구조체에 전달한다.

연결 하드웨어 AHc

앵글 AHca
홀드다운 AHca01
L형 앵글 AHca02
C형 철물 AHca03
L형 철물 AHca04

브래킷 AHcb

클립 AHcc
행어 AHcc01
합판클립 AHcc02
아이클립 AHcc03

플레이트 AHcp
띠철물 AHcp01
허리케인 타이 AHcp02
와이어 연결판 AHcp03
I형 철문 AHcp04

고정 하드웨어 AHf

못 AHf01
나사못(스크류) AHf02
래그 나사못 AHf03
볼트 AHf04
너트 AHf05
와셔 AHf06
리벳 AHf07
핀 AHf08

앵커 AHfa
갈고리 볼트 AHfa01
화학적 앵커 AHfa02
세트 앵커 AHfa03
쐐기 앵커 AHfa04
그립 앵커 AHfa05
언더컷 앵커 AHfa06
스크류 앵커 AHfa07
플라스틱 프레임 앵커 AHfa08

기성 제품을 선호하지 않는 현실

손잡이나 수전으로 대표되는 인테리어 하드웨어는 아름다운 디자인으로 공간의 분위기를 완성하는 마침표 역할을 톡톡히 해낸다. 가구와 창호에서는 다양한 방법으로 작동을 조절해 생활에 편리함을 더하는 요긴한 존재가 되기도 한다. 반면 건축 하드웨어는 부재를 고정하는 역할로 기능이 단순하고, 건물이 완성되면 겉으로 드러나지 않아 그 중요성이 쉽게 간과된다. 그러다 보니 제품마다 성능이나 가격에 큰 차이가 없고 종류가 한정적이다. 일례로 콘크리트를 시공하는 과정에서 거푸집을 연결하기 위해 사용하는 플랫타이는 200mm 두께의 벽체용 제품만 있어, 그 외의 상황에서는 직접 만들어 써야 한다. 게다가 제조 방법이 어렵지 않아 제품을 고르기보다는 현장에서 직접 제작하는 경우가 많다. 시공 작업자들은 그때그때 필요한 하드웨어를 만들어 쓰는 방식에 익숙하고 새로운 제품이 시장에 출시되어도 사용하기를 꺼리는 경향이 있다.

건축 하드웨어 제품화의 필요성

이렇듯 누구도 깊이 관심을 쏟지 않는 상황임에도 건축 하드웨어의 제품화가 적극적으로 이루어져야 하는 이유는 무엇일까?

기성 하드웨어를 사용함으로써 얻는 이점은 효율성과 정확성이다. 더 적은 인력으로 더 많은 작업을 일정한 품질로 시공할 수 있고, 균일한 물성의 제품을 정해진 수량만큼 사용하기에 성능의 수치화가 가능해진다. 그때그때 필요한 부재를 제작하고 성능을 검증하는 것에 비해 훨씬 효율적이고 신뢰도 높다. 내진 성능이나 단열 등 건물에 요구되는 조건이 까다로워질수록 품질을 뒷받침하는 자료를 두루 갖춘 하드웨어를 사용하는 것의 장점은 더욱 커진다.

점차 변화하는 현장의 이야기

기성 하드웨어의 이러한 장점은 현장에서도 조금씩 효과를 발휘하고 있다. 시공사 제이아키브의 김양길 대표는 "시공 업계에서는 기성 제품을 점점 더 많이 쓰려는 추세"라며, 가장 큰 이유로 현장 제작으로 인한 과도한 인건비를 꼽는다. "과거에는 인건비보다 자재비의 비중이 컸지만 지금은 인건비가 45~50%가량을 차지할 정도로 높아졌습니다. 현장의 규모가 크고 개수가 많다면 기성 제품을 쓰는 것이 품질을 일정하게 유지할 수 있고 비용도 저렴해요. 예전에는 현장에서 가구를 제작했지만, 요즘에는 실측만 하고 공장에서 만들어 오는 것이 더 효율적인 것과 같은 이치입니다."

석재 외장 패널과 관련 부자재 제조업체인 ㈜대동에스앤티의 김철현 대표는 제품을 개발하게 된 계기로 시공 인력의 부족과 작업 단가를 낮춰야 하는 작금의 현실을 든다. "시공 품질을 관리하고 감독하기 어려운 기존의 공법을 타개할 개선책을 고민하다 하드웨어를 적극적으로 이용하는 방식을 택하게 되었습니다." 작업자의 능력에 따라 편차가 크던 시공 품질은 하드웨어를 활용하면서 점차 개선되고 있다. 일례로 이탈리아의 목구조 하드웨어 브랜드인 로쏘블라스 Rothoblaas 사의 슬롯 Slot은 목재 패널을 연결할 때 사용하는 제품으로, 하나를 설치하면 나사못 AHf02 60개를 박은 것과 같은 효과를 낸다. 자재에 드는 비용은 좀 더 높지만 목수의 인력과 시간을 훨씬 줄여준다.

3D 프린팅을 비롯한 새로운 제조 방식이 등장하면서 하드웨어의 품질을 끌어올릴 가능성은 점점 더 커지고 있다. 이제 디자이너 또한 그 진가를 발견하고 활용할 차례다.

미국 시애틀에 위치한 아마존 사옥,
더 스피어스 The Spheres (2018). 다양한 하드웨어를
적용해 투명한 비정형 입면을 완성했다.(p.49 참고)

Types of Connector

지지하고 잇다:

대표 연결 하드웨어 4선

연결 하드웨어AHc는 부재 간의 연결고리가 되어 효과적인 고정을 돕는다. 이들은 편리한 설치와 더 많은 하중의 지지를 목표로 그간 여러 모양으로 발달해왔다. 다음 지면에서 만나게 될 다양한 연결 하드웨어를 형태에 따라 구분해 정리했다.

글 정경화 촬영 협조 엔에스홈

①

직각으로 부재를 받치다
앵글 Angle AHca

앵글은 단면의 형상이 90°를 이루는 하드웨어를 총칭한다. 형상의 특징을 살려 직각으로 만나는 부재의 연결을 보강하거나 외장재를 받치고 수직 하중을 지지하는 역할을 담당한다. 전자의 예로는 목구조의 앵글(p.62 참고)이 있다. 후자에 속하는 하드웨어로는 조적 공법에서 벽돌의 무게를 지지하는 L 형 앵글AHca02 (p.90 참고)과 석재 패널의 앵커 긴결 공법에서 패널을 받쳐주는 앵글(p.111 참고)이 대표적이다.

(왼쪽부터) 심슨 스트롱타이의 앵글 A24, A44, A66, A21, L30, A23Z.

Introduction of Architectural Hardware

②

나뭇가지처럼 뻗어 나와 지지하다
브래킷 Bracket AHcb

브래킷은 대개 벽이나 기둥에 붙이는 조명 기구, 또는 무지주 선반의 받침대를 뜻하는 단어로 더 익숙하지만 본래는 구조체에서 나뭇가지처럼 뻗어 나와 다른 부재를 지지하는 장치를 의미한다. 건축에서는 난간이나 가설 공사 분야에서 오랫동안 쓰여왔다.

    난간에서는 건물의 구조체에 고정해 손잡이나 패널을 지지하는 역할을 담당하고, 가설 공사에서는 건물 벽체에 설치해 가설물을 받치거나 작업 발판의 지지대로 사용한다. 형상이나 기능 면에서 앵글과 비슷하지만 수평재와 수직재, 경사재로 구성되고 단면이 직각 삼각형 모양을 이룬다는 점에서 차이가 있다.

(왼쪽부터)
심슨 스트롱타이의
조이스트 행어 LUS24와
합판클립 PSCL.

③

간편하게 고정하다
클립 Clip AHcc

클립은 부재를 끼우거나 걸어서 고정하는 장치를 총칭한다.
연결 방식이 간편한 만큼 목재나 금속처럼 비교적 가벼운
자재에 쓰인다. 목조건축에서는 U자 형태로 수평 부재를
걸어 고정하는 행어Hanger AHcc01, 합판끼리 서로 고정하는
합판클립AHcc02, 목재 패널을 구조체에 한 장씩 걸 때 사용하는
클립이 대표적이다. 클립은 외벽에 박판타일을 시공할 때
타일이 떨어지지 않도록 위아래를 붙잡는 용도로 쓰기도 한다.
　요즘에는 하드웨어가 암수를 이루도록 제작해 각각을
부재에 설치하고 둘을 걸거나 끼워 고정하는 경우가 많다. 이것
또한 클립의 일종으로 하드웨어가 겉으로 드러나지 않아 연결
부위를 보다 깔끔하게 마감할 수 있다.

22　Introduction of Architectural Hardware

수평으로 길게 잇다
플레이트 Plate AHcp

얇고 평평한 금속판 형태의 하드웨어로 둘 이상의 부재에 대고 못AHf01이나 볼트AHf04를 고정해 연결한다. 대부분은 고정 하드웨어AHf의 크기에 맞춰 구멍이 뚫려 있고 간혹 얇고 날카로운 나사못AHf02이나 금속핀AHf08이 미리 박혀 나오는 제품도 있다.

목조건축에서 층간 부재를 위아래로 연결하는 띠철물AHcp01, 석재 패널의 앵커 긴결 공법에서 부재와 앵글을 잇는 조정판이 대표적이다. 조적 공법에서는 플레이트를 I형AHcp04, C형AHca03으로 변형해 벽돌벽이 앞으로 쏟아지지 않도록 잡아주는 장치로 활용하기도 한다.

─자 형태의 플레이트는 왼쪽부터 MSTA24, CSHP, LSTA24, 비정형 플레이트는 위쪽부터 66L, 66T, SP2, LTP5. 모두 심슨 스트롱타이 제품.

Types of Fastener

단단하게 체결하다:
대표 고정 하드웨어 6선

못과 나사못, 볼트는 똑같이 부재를 뚫고 들어가 단단히 고정하는 역할을 하지만 그 생김새와 사용 부위, 용도는 제각기 다르다. 각양각색 다양한 고정 하드웨어AH의 종류를 한데 모았다.

글 정경화 촬영 협조 로쏘블리스, 엔에스홈, 우단

① 빠르고 경제적인 기본의 아이콘
못 Nail AH*01*

못은 끝이 날카로운 금속핀으로 망치나 타정기Nailgun, Nailer를 이용해 박는다. 부재에 미리 구멍을 뚫을 필요 없이 빠르게 설치할 수 있는 것이 장점이다.

철과 스테인리스 스틸, 황동 못을 주로 사용하고 소재에 따라 용도가 조금씩 다르다. 철못은 구조재나 외기에 접하지 않는 부위에 사용하고, 외장재나 데크처럼 외부에 노출되거나 습기가 닿는 부위에는 아연이나 크롬을 도금하여 쓴다. 습도가 높은 지역이라면 부식에 강한 스테인리스 스틸 못을 쓰는 것이 좋다. 황동 못은 실내 마감재나 창호에 장식 용도로 사용한다.

못은 특히 목구조에서 많이 쓰이는 재료다. 구조체나 힘을 많이 받는 부위에는 머리 모양이 크고 납작해 지지력이 강한 못을, 마감재에는 부재 속에 깊이 파묻을 수 있도록 머리가 작은 못을 사용한다.

건물 구조체에 벽돌 하드웨어를 설치하는 경우에는 콘크리트용 못을 쓰기도 한다. 콘크리트용 못은 일반 제품보다 몸체의 길이가 짧고 두꺼우며, 대각선으로 홈이 나 있어 관통하고 고정하는 힘이 더 강하다.

② 나사와 못의 장점만 모은
나사못 Screw AH02

나사못은 몸체에 나사산이 나있고 드릴이나 드라이버로 돌려 박는 고정 하드웨어를 뜻한다. 스크류라는 이름으로 더 익숙한 이 장치는 유럽에서 금속이나 목재를 접합하기 위해 처음 개발되었다. 나사산이 회전하면서 몸체가 단단하게 파고 들어가는 힘을 이용해 부재를 고정한다. 드릴로 박기 때문에 못보다 쉽게 설치하면서도 균일한 품질을 낼 수 있다. 재설치가 가능한 것도 장점이다.

나사못은 머리와 꼬리(팁)의 모양에 따라 여러 종류로 나뉜다. 머리 모양은 둥근머리와 육각머리, 머리가 납작해 표면을 평평하게 유지할 수 있는 접시머리가 대표적이다. 팁 모양은 바탕면의 소재를 기준으로 결정한다. 끝이 날카롭고 뾰족한 것은 목재나 얇은 금속에, 뭉툭하고 완만한 것은 일반적인 금속에 적용한다. 원래는 나사못을 설치하기 전에 미리 구멍을 뚫어야 하지만, 직접 구멍을 뚫으며 바탕면에 박히는 직결 Self drilling 방식의 나사못도 있다.

③ 더 두껍게, 더 크게
래그 나사못 Lag screw AH03

목조건축에서 두껍고 큰 부재를 접합하기 위해 직경을 키운 대형 나사못을 의미한다. 사각 또는 육각 머리에 나사산이 나있는 형상으로 볼트와 나사못을 섞어 놓은 모습이다. 볼트와 마찬가지로 렌치 Wrench를 이용해 고정한다. 일반 나사못보다 더 많은 하중을 지지해야 하는 경우, 또는 부재의 두께가 너무 두껍거나 공간이 협소해 볼트를 설치하기 어려운 경우에 대체재로 사용한다.

④ 조합을 통해 얻는 시너지
볼트 AHf04 와 너트 AHf05 Bolt and Nut

볼트는 원기둥이나 원뿔형 몸체의 바깥에 나사산이 새겨진 나사를 뜻하고, 너트는 가운데가 뚫려 있고 구멍 안쪽에 나사산이 파여 있는 형태로 볼트에 끼워 부재를 고정하는 하드웨어를 의미한다. 건축에서는 금속이나 커튼월 구조에서 부재를 조립할 때 주로 사용하고, 볼트로 부재를 관통한 다음 너트를 조이는 방식으로 긴결한다.

볼트는 머리 모양에 따라 구분한다. 육각형과 사각형, 원통형과 접시형을 가장 많이 사용하고, 그 밖에 머리 없이 몸체로만 이루어진 것은 전산볼트라 부른다. 너트는 가장 흔하게 사용하는 육각 너트를 비롯해 목재에 주로 쓰는 사각 너트, 둥근 너트, 손으로 날개 부분을 잡고 돌릴 수 있는 나비 너트 등이 있다.

와셔Washer AHf06 는 볼트와 너트가 부재와 닿을 때 사이에 대는 얇은 금속판이다. 부재의 손상을 막으면서 볼트와 너트가 풀리지 않도록 꽉 잡아주는 역할을 하고, 접촉면적을 넓혀 하중을 분산하는 효과도 있다.

 철골 구조의 대표 고정법
리벳 Rivet AHf07

강재를 접합할 때 사용하는 고정 하드웨어로 스테이플러Stapler처럼 얇은 강판에 대고 힘을 가해 설치한다. 철골 구조의 건축물 외에도 강재를 재료로 하는 선박이나 항공기, 교량 등의 구조물에서 폭넓게 쓰인다. 머리 모양에 따라 둥근리벳, 민리벳, 평리벳, 접시머리리벳이 있고, 구조용으로는 둥근리벳이 대표적이다. 지름은 6~40mm로 10여 종이 있으며, 건축에서는 16, 19, 22mm를 주로 사용한다.

⑥ **변위를 조정하는 유연함**
핀 Dowel AHf08

핀은 두 부재를 접합할 때 위치를 고정하고 전단 하중을 견디는 장치를 의미한다. 일반적인 고정 하드웨어와 달리 부재의 위치 변화에 대응할 수 있는 것이 특징이다. 석재 패널을 설치할 때 단면에 꽂는 얇고 작은 꽂임촉부터 중목구조에서 하드웨어를 고정하는 크고 두꺼운 원통 막대까지 크기와 형태가 각양각색이다. 또, 대부분은 금속을 재료로 하지만 목재나 플라스틱으로 만들기도 한다.

구조체에 깊이 뿌리내리다: 대표 앵커 8선

앵커의 분류

앵커는 시공 순서에 따라 선설치 앵커와 후설치 앵커로 나뉜다. 선설치 앵커는 콘크리트를 타설하기 전의 거푸집 상태일 때 미리 설치하는 하드웨어다. 위치를 정확하게 잡기 어렵지만 콘크리트 기초와 일체화되어 더 많은 하중을 부담하고 구조적으로도 튼튼하다. 후설치 앵커는 콘크리트가 굳은 후에 구멍을 뚫고 설치한다. 지지 하중이 작고 비용이 높은 대신 선설치 앵커보다 시공이 쉽고 간편해 많이 쓰인다.

갈고리 볼트
Hooked Bolt AHfa01

닻을 닮은 모양으로 건축물을 콘크리트 기초에 정착시키거나 보, 기둥 같은 주요 구조 부재를 연결할 때 사용한다. 그래서 기초 앵커나 기초 볼트라고도 불린다. 앵커를 배치한 다음, 콘크리트를 타설해 굳히고 그 위에 부재와 너트를 차례로 고정한다. 단면 형상에 따라 L형과 J형, 두 형태가 섞인 LA형, JA형이 있고 그중 L형이 가장 보편적으로 쓰인다.

화학적 앵커
케미컬 앵커, Chemical Anchor AHfa02

드릴로 구멍을 낸 다음 접착제를 주입하고 앵커를 삽입하는 화학적인 방법으로 고정한다. 건물의 증축을 위해 기존 콘크리트 구조체에 철근을 연장하는 경우, 또는 갈고리 볼트를 설치할 수 없는 부위에 대체재로 적용한다.

물리적 힘을 이용할 때보다 설치가 간편하면서도 강도가 높고 내진 성능이 뛰어난 것이 장점이다. 또 화학물질을 사용해 내수성과 내식성이 우수하다.

세트 앵커
Set Anchor AHfa03

앵커 몸체와 이를 감싸는 슬리브, 너트와 와셔로 구성된 것으로 이름처럼 여러 부재가 모여 하나의 세트를 이룬다. 콘크리트에 박히는 끝부분이 가운데 몸체보다 두꺼운 것이 특징이다. 구멍을 뚫은 다음 앵커를 끼우고 앵커펀치와 망치를 이용해 슬리브만 정확히 타격한다. 그러면 슬리브가 박히면서 두꺼운 몸체 부분에 닿아 끝이 점점 벌어지고 구조체와 맞물리며 부재를 고정한다. 천장이나 벽, 바닥에 구조물을 고정할 때 가장 흔하게 사용하지만 한번 설치하면 제거가 어려운 것이 단점이다.

쐐기 앵커
웨지 앵커, Wedge Anchor AHfa04

세트 앵커가 슬리브를 타격해서 확장하는 원리라면 쐐기 앵커는 너트를 조여서 슬리브를 확장한다. 구멍에 앵커를 삽입한 다음 토크 렌치를 이용해 정해진 토크 값만큼 너트를 조인다. 그 힘에 의해 볼트가 올라오면서 슬리브를 벌어지게 해 단단히 고정한다.

사용한 후에 제거가 간편하고 조임 토크값이 정해져 있어 일정한 품질로 작업이 가능한 것이 장점이다. 조적 공법에서 앵글AHca을 고정하거나 커튼월, 난간 공사에서 세트 앵커와 함께 가장 보편적으로 사용한다.

그립앵커 / 세트앵커 / 플라스틱 프레임 앵커

선박에 닻이 있다면 건축물에는 앵커AHfa가 있다. 앵커는 바탕재에 파고 들어가는 지지력을 이용해 건축물을 철근콘크리트 기초에 튼튼하게 정착시켜 주는 장치다. 선박이 닻을 꽂아 바다의 물살에 맞서듯, 앵커는 단단한 콘크리트를 뚫고 들어가 부재를 지탱한다. 건축의 여러 부위에 사용하는 다채로운 앵커의 종류를 만나보자.

그립 앵커
Grip Anchor AHfa05

세트 앵커와 같은 구성이지만 몸체가 볼트가 아닌 너트의 형상이라는 차이가 있다. 안쪽 면에 나사산이 나와있는 기다란 너트의 모습을 하고 있어 앵커를 설치한 다음 그에 맞는 전산볼트를 결합하고 다시 여기에 다른 부착물을 고정하는 것이 가능하다. 이러한 방식 덕분에 천장에 가벼운 물체를 매달아 고정하거나 설비 공사를 할 때 많이 사용한다. 스트롱 앵커라 불리는 컷 앵커Cut Anchor와 드롭 인 앵커Drop-in Anchor가 여기에 속한다.

언더컷 앵커
Undercut Anchor AHfa06

앵커가 박히는 구멍의 단면이 아래쪽으로 갈수록 넓어진다고 하여 언더컷 앵커라 부른다. 넓은 아랫면에 앵커가 맞물리면서 발생하는 걸림력을 이용해 고정한다. 전단 하중과 인발 하중을 버티는 힘이 뛰어나 석재 패널, 타일을 구조체에 설치할 때 부재를 직접 지지하거나 구조체를 보강하는 용도로 사용한다.

스크류 앵커
Screw Anchor AHfa07

스크류 형태로 나사 부위의 걸림력을 이용해 고정한다. 세트 앵커는 앵커펀치를 대고 망치로 두드려 박아야 해서 시공이 어려운 편인데, 스크류 앵커는 설치가 훨씬 쉽다. 간격이 좁은 곳에도 설치할 수 있고 탈부착이 가능해 시공이 잘못된 경우 뽑았다가 다시 고정할 수 있는 것도 장점이다. 단, 나사산이 콘크리트를 갈아내면서 직접 체결되는 방식이라 콘크리트가 손상될 수 있다. 거푸집이나 난간, 브래킷AHcb, 채널Channel, 창호 등을 고정할 때 세트 앵커의 대체재로 사용한다.

플라스틱 프레임 앵커
Plastic Frame Anchor AHfa08

섬유나 플라스틱으로 만든 못집인 플러그에 나사못을 끼워 고정하는 방식으로, 가장 흔하게 볼 수 있는 앵커다. 우리나라에서는 일본의 상표명에서 유래한 단어인 칼브럭으로 더 많이 불린다.
바탕면에 드릴로 구멍을 뚫은 다음 플러그와 나사못을 차례로 끼우면 나사산이 플러그를 조이면서 단단히 고정된다. 벽돌이나 석재, 콘크리트처럼 다공성이거나 부서지는 성질을 지닌 자재에 사용한다.

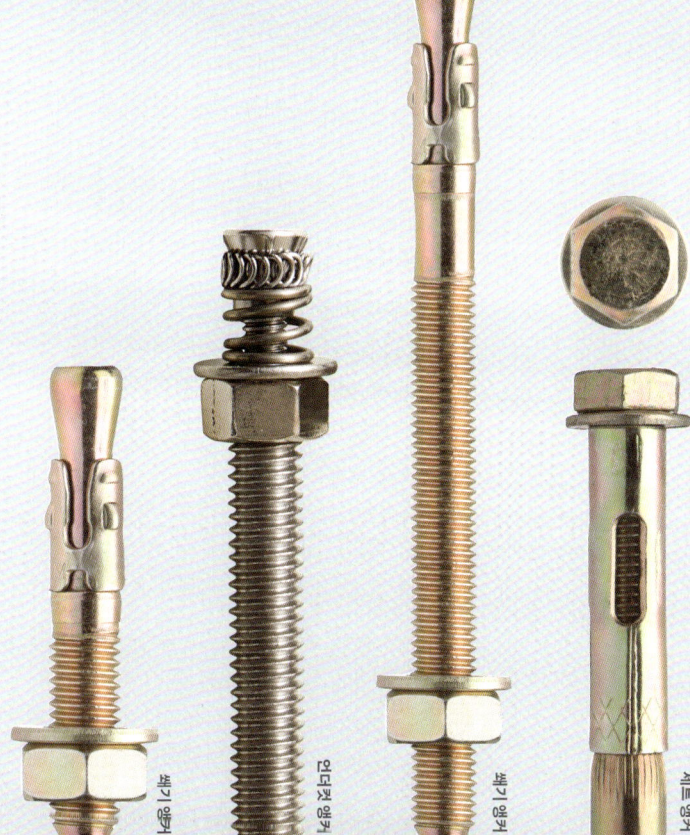

Collaboration Material

하드웨어와 함께 사용하는 단짝 자재 7선

바늘 가는 데 실 간다는 속담처럼 하드웨어가 쓰이는 곳이라면 단골처럼 등장하는 자재들이 있다. 연결 부위에 함께 설치해 하드웨어의 효과를 극대화하는 단짝 자재를 소개한다.

글 정경화

틈새를 메우고 채우다
실링재 Sealing Material

실링재는 재료의 연결 부위에 생긴 틈새를 채워 공기와 수분의 침투를 막고, 부재를 단단히 고정해 건축물의 내구성을 높여주는 자재를 총칭한다. 벽돌처럼 흡수성이 큰 소재에 습기가 스며드는 것을 막기 위해 칠하는 방식으로 시공하기도 한다.

자재는 형상에 따라 부정형과 정형 실링재로 나뉜다. 부정형 실링재는 처음에는 페이스트 형태이지만 시공하면 공기와 접촉하면서 점차 굳어지는 물성을 지닌 것으로 코킹재와 실런트, 퍼티가 있다. 정형 실링재는 형태가 고정돼 있어 시공 부위에 맞춰 자르거나 가공해 사용하며, 개스킷과 글레이징 비드가 대표적이다. 국내 산업의 표준을 정의하는 KS 규격(KS F 4910)에서는 KS F 2621의 시험 방법을 통해 탄성복원력, 인장력, 접착력 등 성능의 기준을 규정하고 있다.

코킹재 Caulking Material

창호 주변의 빗물막이나 콘크리트, 타일의 신축줄눈 Expansion Joint 에 사용해 연결 부위의 충격과 변위를 흡수하는 소성 실링재를 코킹재라 부른다. 합성수지와 합성고무를 혼합한 액상 전색제에 석고, 탄산칼슘 같은 광물 충진재를 반죽해 만들고, 코킹건으로 쏘거나 주걱으로 떠 붙여 틈을 메우는 방법으로 시공한다.

실런트 Sealant

석재의 줄눈을 채우거나 박판 타일을 설치할 때, 커튼월에서 유리를 프레임에 고정하는 경우 등 여러 상황에서 사용하는 다재다능 자재가 바로 실런트다. 탄성이 있는 실링재로 접착력이 강하고 수밀성, 기밀성이 뛰어나 충전재로 가장 많이 쓰인다. 처음에는 페이스트 상태로 유동성이 있지만 굳어지면서 고무와도 같은 탄성을 발휘한다. 원료가 미리 섞여 있어 포장을 뜯고 바로 사용이 가능한 1성분형과 시공 직전에 혼합하여 쓰는 2성분형이 있으니 용도에 맞게 선택하자.

퍼티 Putty

돌가루와 탄산칼슘을 유지, 수지 등의 전색제와 배합해 만든 재료로 유리창을 붙이거나 바탕면의 틈을 메워 평탄하고 매끄럽게 정리하기 위해 사용한다. 특히 페인트를 칠하는 경우 바탕면을 다듬고 보수하기 위해 써야 하는 필수 재료다. 광명단을 첨가한 퍼티는 배관 접합부에 덧발라 물이나 가스의 누출을 막는 용도로 이용하기도 한다.

개스킷 Gasket

탄성 재료를 단면 형상에 맞게 압출해 만든 재료로 주로 창틀에 설치해 유리를 보호하고 지지하는 역할을 한다. 대표적인 예로 고무 패킹이 있다. 개스킷은 네오프렌, 실리콘 같은 고무 계열이나 PVC, EPDM 등을 소재로 해 기후를 견디는 성질이 우수하고 방음, 방진 효과가 뛰어나다.

사용 부위와 용도에 따라 문틀이나 창틀에 장착해 틈을 메우는 기밀 개스킷과 유리를 부착할 때 사용하는 글레이징 개스킷, 각종 줄눈 부위에 적용해 수밀성과 기밀성을 높이는 줄눈 개스킷으로 나뉜다.

마이너스 시스템의 간접조명몰딩(MS-05) 제품을 설치한 공간.

연결 부위의 깔끔한 마감을 돕다
이음새 마감재

부재가 서로 만나는 접합 부위는 모재 자체를 녹여 일체화하는 용접 방식으로 시공하지 않는 이상 이음새가 남을 수밖에 없다. 특히 부재가 직각으로 맞닿는 경우에는 이음새가 도드라지고 단면이 드러나 파손의 위험이 더욱 크다. 다음의 자재들은 이러한 연결 부위를 보호하고 깔끔하게 마무리해 마감의 완성도를 높여준다.

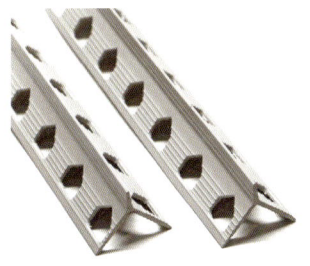

코너비드 Corner Bead

코너비드는 마감재가 직각으로 만나는 부위에 덧대어 자재의 단면을 가리고 파손되지 않도록 보호하는 부재를 뜻한다. 서로 다른 재료가 만나는 경우에 경계를 분리하고 깔끔하게 정리하는 용도로 이용하기도 한다. 황동, 스테인리스 스틸 같은 금속이나 PVC를 소재로 하고, 아연도금 철재 제품을 가장 많이 사용한다. 단면 형상에 따라 L형, I형 등으로 나뉘고, 길이는 1.8m, 2.7m, 3.6m가 있다.

마이너스 몰딩 Minus Molding

몰딩은 벽과 바닥, 천장이 수직으로 만나는 부위에서 각각의 재료를 분리하고 경계선을 가려주는 자재다. 몰딩하면 벽에서 돌출되어 있는 클래식한 형태가 먼저 떠오르는데, 마이너스 몰딩은 이와 반대로 음각처럼 경계 부위를 숨긴다. 벽으로부터 살짝 간격을 띄운 채로 천장면을 한 층 덧대어 접합부가 보이지 않게 가리는 원리다. 이 덕분에 바깥에서 몰딩이 드러나지 않아 깔끔한 공간을 완성할 수 있다.
　설치 방법은 기존의 천장면 아래에 금속이나 목재로 틀을 짜고 단면의 가장자리에 전용 자재를 부착한 다음 표면에 석고보드를 붙여 마무리하는 것으로 단순하다. PVC나 알루미늄으로 제작해 스크류AHf02나 핀AHf08으로 간편하게 시공하는 것, 안쪽에 간접 조명이나 그림을 매달 수 있도록 픽처레일을 함께 설치하는 것 등으로 종류가 다양하다.

조이너 Joiner

실내에 흡음이나 방음을 위한 보드를 설치할 때 보드 사이의 이음새를 감추고 평평하게 시공되게끔 눌러주는 장치를 조이너라고 한다. 아연도금 철재나 황동, 알루미늄 또는 PVC를 얇은 판으로 성형하여 만든다. 부재가 암수로 나뉘어 있어 바탕면에 붙이고 보드를 댄 다음 나머지를 끼워 맞추는 방식으로 시공한다. 보드가 수평으로 이어지는 부위에는 L형을, 직각으로 만나는 모서리 부위에는 C형을, 부재가 끝나는 부위에는 E형을 쓴다.

2
STORY OF ARCHITECTURAL HARDWARE

History of Hardware

근대건축 속 하드웨어의 역할과 발달

하드웨어는 현대건축의 근간인 철골구조와 함께 발달해왔다. 근대건축과 함께 이어져온 하드웨어의 역사에 대해 살펴보자. 글 정신오

근대건축의 등장과 하드웨어 중요성의 대두

18세기 산업혁명으로 제조기술이 발달하고 철이나 유리, 콘크리트 등의 산업재료가 대량으로 생산되면서 건축에서도 본격적으로 철재를 활용하기 시작한다. 당시 건축재료로 활발하게 쓰였던 목재나 벽돌, 석재와 달리 철재는 인장력이 우수하고 강도가 높아 큰 외력이 가해져도 곧바로 무너지지 않고 힘을 분산한다. 덕분에 대규모 공간이나 초고층 구조물을 짓는 것이 가능해졌고, 건축양식도 크게 변화하면서 근대건축의 서막을 열었다.

철재가 건축재료로 쓰이기 시작하면서 바뀐 것이 또 한 가지 있다. 바로 시공 방식이다. 철재는 이전까지 벽돌과 석재에 쓰이던 조적 방식이나 못AHf01을 박는 목조건축의 시공 방식을 적용할 수 없다. 그래서 고정 부위에 구멍을 뚫고 하드웨어로 잇는 방식이 개발되었고, 하드웨어는 이때를 기점으로 급속도로 발달하기 시작한다.

대표 건축구조의 변화에 따른 하드웨어 발달 과정

사실 하드웨어는 그리스 로마 시대부터 건축물에 적용되었다. 일례로 석조건축이 발달한 그리스에서는 신전의 기둥과 벽이 수평으로 움직이는 것을 막기 위해 꺾쇠를 사용했다. 하지만 당시에는 주로 완공된 건물을 보강하는 용도로 쓰였다.

부재를 구조적으로 안정되게 고정하기 위해 사용한 것은 철골구조가 등장한 이후이다. 이 무렵부터 다른 산업에 쓰이던 하드웨어가 건축에 적용되기 시작했고, 대표적인 것이 볼트AHf04와 너트AHf05다. 볼트와 너트는 16세기 프랑스에서 처음 발명되었으나 당시에는 생산량이 적어 기계에만 제한적으로 적용되었다. 1760년 영국에서 대량생산 체제를 갖추면서 비로소 건축을 비롯한 여러 산업에 쓰이기 시작한다. 또 대표 고정 하드웨어AHf 중 하나인 리벳AHf07은 원래 나무배를 수리할 목적으로 만들어졌고, 소재도 목재였다. 철의 생산이 쉬워지고, 1860년대 강재 리벳을 생산하게 되면서 건축의 핵심 하드웨어로 떠오르게 됐다. 특히 리벳은 볼트보다 무게가 가벼워 하중을 줄이는 것이 중요한 고층 건물, 구조물 등에 활발하게 적용되었다.

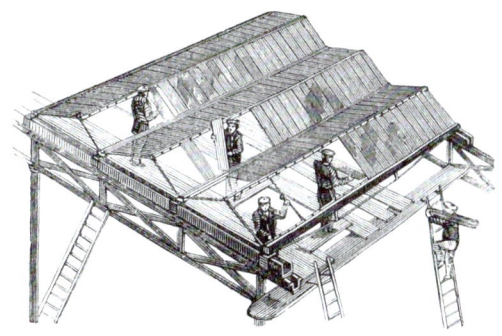

수정궁의 시공 모습. 건물에 쓰인 강재를 123가지로 규격화하여 공장에서 제작하고 현장에서 시공하였다.

에펠탑은 볼트로 부재를 접합할 위치를 정한 뒤 마지막에 리벳으로 고정하는 방식으로 시공되었다.

근대건축의 하드웨어와 적용

근대건축의 이정표라고도 불리는 영국 런던의 수정궁(1851)The Crystal Palace 은 하드웨어를 적용한 대표 사례다. 9만 2천m²에 달하는 거대한 건물을 만드는 데 걸린 시간은 고작 6개월이다. 당시의 기술력으로 단기간에 축구경기장 18개 규모의 거대한 건물을 지을 수 있었던 것은 공장에서 미리 부재를 생산하고, 현장에서 하드웨어로 고정하는 조립식 시공 덕이다. 건물을 설계한 조경가 조셉 펙스톤Joseph Pexton은 수정궁에 쓰이는 강재를 123가지로 구분하고 규격화했다. 이들 자재는 공장에서 제작하고 현장에서 볼트와 너트 그리고 리벳으로 조립하면서 주요 구조부를 이루었다. 조셉 펙스톤은 기둥을 730cm 간격으로 배치하고, 높이 240cm마다 I형 보를 설치하여 지붕과 바닥판의 뼈대를 만들었다. 또 바닥판 아래에 T자형 구조 부재를 설치해 직사각형의 프레임을 셋으로 나누고, 각 공간에 대각선으로 가로지르는 버팀대를 더해 압력과 장력에 대응하도록 했다. 보를 구성하는 모든 부재는 리벳을 이용해 고정했고, 바닥에서 조립한 뒤 기둥에 거는 방식으로 시공했다.

프랑스 파리의 에펠탑(1889)Eiffel Tower 역시 하드웨어를 이용한 근대건축물 중 하나다. 지금은 파리의 랜드마크로 잘 알려졌지만 에펠탑이 등장했을 당시에는 '철판의 기둥으로 엮은 검은 그림자'라며 많은 이들에게 비난을 받았다. 그도 그럴 것이 1만 8천여 개에 달하는 철판을 250만 개의 리벳으로 고정한 모습이 주변과 이질감이 들기 때문이다. 하지만 에펠탑의 시공 과정은 현대에 적용해도 문제없을 정도로 효율적이다. 설계자인 귀스타브 에펠Gustave Eiffel은 약 1만 8천 개에 달하는 부재를 공장에서 미리 생산하도록 하였다. 부재는 형태 재단은 물론 고정할 부위에 구멍을 뚫고, 166만여 개의 리벳을 끼운 상태로 운반되었다. 현장에서는 기둥에 증기 크레인을 설치하고 조금씩 올라가면서 시공했다. 부재는 볼트로 한번 자리를 정한 뒤 리벳을 이용해 2차로 고정하는 방식으로 조립되었다. 이러한 방식을 적용해 높이 324m에 달하는 구조물을 완공하는 데 걸린 시간은 단 22개월로, 2년이 채 되지 않는다. 조립식 시공은 부재의 하자로 인해 작업이 지연되는 것을 막고 효율을 높일 수 있어 지금까지도 활발히 사용되고 있다.

이후에도 리벳은 금문교와 같은 구조물에 쓰이며 견고한 고정력과 결속력을 보여준다. 또한 볼트의 결속 방식은 유지하면서 인장강도를 높인 고장력 볼트가 개발되어 시그램 빌딩Seagram Building, 엠파이어 스테이트 빌딩Empire State Building과 같은 고층 건물에 적용되었다.

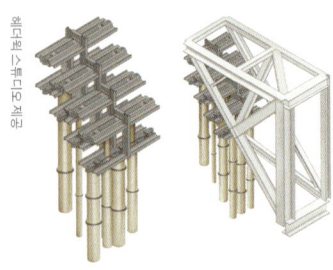

분드 파이낸셜 센터의 입면 모듈을 움직이는 트랙.

건축 트렌드에 맞춰 변화하는 하드웨어

현대에서 하드웨어는 구조뿐 아니라 건축물의 자유로운 디자인을 구현하는 부재로 범위를 넓히고 있다. 특히 불규칙한 곡률로 입체감을 더하는 비정형 공간이나 부재가 움직이면서 공간에 역동성을 더하는 가변형 건축Kinetic Architecture을 실현하기 위해 많은 건축가가 하드웨어를 연구·개발한다. 일례로 미국의 건축가 톰 메인Tom Mayne은 마곡산업지구에 위치한 원앤온리 타워의 아트리움을 협곡처럼 굴곡진 공간으로 만들기 위해 '유니버설 조인트'를 제작했다. 유니버설 조인트는 마름모 형태의 큰 모듈을 다양한 각도로 설치할 수 있는 하드웨어로, 각도마다 별도로 제품을 생산하지 않아도 되어 효율적이다. 그는 이러한 하드웨어를 만들기 위해 차량 상부에 설치하는 로드바에 360°로 각도를 바꿀 수 있는 브래킷을 더했다. 그리고 다른 편에는 링을 설치해 기둥에 끼울 수 있도록 했다. 이렇게 만들어진 유니버설 조인트는 자유자재로 각도를 바꾸면서 100kg의 모듈을 거뜬히 지지한다.

또 영국의 건축사무소 포스터 앤 파트너스Foster and Partners와 헤더윅 스튜디오Heatherwick Studio는 중국 상해의 분드 파이낸셜 센터(2017)Bund Financial Center에 중국의 전통 휘장이 펄럭이는 모습을 재현하기 위해 트랙을 개발하기도 했다. 3개 층으로 겹쳐 설치한 트랙은 마그네슘 합금으로 제작한 675개의 모듈을 이동시킨다. 2~16m로 길이가 다양한 모듈은 트랙을 따라 회전하면서 건축물의 얼굴을 수시로 바꾼다.

시대에 따라 건물의 형태와 재료, 시스템은 변화해왔다. 하드웨어 역시 보강재에서 구조재로 역할이 바뀌었고 현대에는 디자인을 구현하고 외관을 바꾸는 소재로 변모하였다. 시대와 건축의 변화에 맞춰 카멜레온처럼 변신하는 하드웨어의 가능성은 앞으로도 무궁무진하다.

중국 상해의 분드 파이낸셜 센터. 675개의 모듈은 트랙을 따라 움직이며 시시각각 입면을 바꾼다.

Hardware in Oriental Wooden Architecture

동양 전통 목조건축 속 하드웨어의 적용

서양의 하드웨어처럼 동양의 전통 목조건축에도 부재를 연결하고 고정하는 장치가 있다. 바로 '보강재'다. 보강재는 연결 부위가 숨겨져 있는 동양 목조건축술의 특성 때문에 건축물이 지어지고 나면 대부분 눈에 보이지 않는다. 그럼에도 묵묵히 주어진 역할을 수행하며, 견고한 목구조를 구현한다. 전통 목조건축과 함께 발달한 동양의 하드웨어, 보강재에 대해 살펴보자. 글 김종범(건축도시공간연구소 국가한옥센터 연구원)

동양 목조건축 건축술의 세 가지 방식

> "아주 옛날에 사람들은 동굴에 살며 들에서 지냈다.
> 후대에 성인이 나타나 마룻대를 올리고 처마를 내리는
> 방식으로 집을 지으면서 비를 피하게 됐다
> (上古穴居而野處，后世聖人易之以宮室，上棟下宇,
> 以待風雨，蓋取諸大壯)."

기원전 8세기 전후 중국의 동주(東周) 시대에 쓰인 것으로 추정되는《역경(易經)》계사하전(繫辭下傳) 편의 한 구절이다. 우리는 이 기록을 통해 지금으로부터 약 3천 년 전의 동양 목조건축이 흙벽이나 기둥에 보와 도리를 놓아 가구를 짜고, 그 위에 서까래를 올려 지붕을 만드는 형식이었음을 알 수 있다. 실제로 중국을 비롯한 동양에서는 기둥으로 뼈대를 만들고 지붕을 얹는 방식으로 집을 지었다. 하지만 목조건축의 유형과 계통을 분류하는 방식은 국가와 지역에 따라 다르게 세분화된다. 이번 장에서는 여러 방식 중에서도 구조에 따라 동양 목조건축의 유형을 크게 세 가지로 구분한다.

첫째는 목재를 수평으로 눕히고 정(井)자로 층층이 쌓는 방식이다. 통나무 귀틀집이 이 같은 방식으로 지어진다. 두 번째는 기둥 단면에 구멍을 뚫고 보와 인방을 관통시켜 구조체를 만드는 방식이다. 오늘날 이 방식이 적용된 목조 문화재는 국내에 거의 남아있지 않고, 보물 제1568호 상주 양진당(養眞堂)에서 유사한 흔적을 찾을 수 있다. 마지막은 기둥 머리나 측면에 홈을 파고, 보나 인방을 끼워 구조를 만드는 방법이다. 마지막 두 방식은 부재를 조립해서 연결한다고 하여 가구식 구조라고도 불리고 개별 칸이 기둥과 보에 의해 직육면체의 안정된 형태를 이룬다.

이렇게 부재에 암수를 두고 서로 끼워 조립하는 방식을 '맞춤과 이음'이라고 한다. 맞춤과 이음으로 연결한 부위는 하드웨어를 결구하여 빠지지 않도록 한다. 이때 사용하는 하드웨어는 국가마다 조금씩 다르다. 지진이 자주 발생했던 일본은 수평부재에 못AHf01을 박아 기둥에 고정했다면 우리나라에서는 부재 위에 지붕을 얹어 상부의 하중이 아래로 전달되면서 결속 부위의 마찰력을 높이는 '천두식 구조'를 이용해 건물을 지었다.

한국 전통 목조건축 하드웨어의 세 가지 기능과 특성

전통적으로 목재를 사용했던 우리네 건축문화에는 꽤나 긴 시간에 걸쳐 전해지며 일종의 신화처럼 자리잡은 이야기가 있다. '전통 목구조는 지진에 안전하다', '전통 목구조는 진동을 받아도 조금씩 흔들릴 뿐 다시 제자리로 돌아온다', '한옥은 못을 쓰지 않아서 지진으로 인해 무너지지 않는다'와 같은 말이다. 실제로 가구식으로 구성된 목구조는 부재 간의 마찰력으로 지진과 같은 횡력을 견딘다. 콘크리트 구조의 수평저항력이 3~4%라면, 목구조는 15% 정도로 원래 상태로 돌아가려는 성질이 4배 이상 강하다. 그러나 마찰력의 한계점을 벗어나면 부재가 분리되면서 저항력이 작용하지 않아 무너질 수 있다. 때문에 동양 목조건축에서는 배열이 흐트러지거나 부재가 미끄러지는 것을 막기 위해 하드웨어를 개발했다.

하드웨어는 기둥 머리부터 서까래 아래, 기둥 몸체 그리고 서까래 위의 세 부위에 주로 적용된다. 먼저 기둥 머리부터 서까래 사이에 설치하는 하드웨어를 살펴보자. 우리나라에서는 기둥에 보를 거는 방식으로 벽체를 만들었다. 이를 위해 기둥 머리에 一자 또는 十자로 홈을 팠고, 보를 끼운 다음에는 나무메나 망치로 보를 내려쳐서 부재를 단단히 결속했다. 이렇게 하면 목수가 가하는 외력에 의해

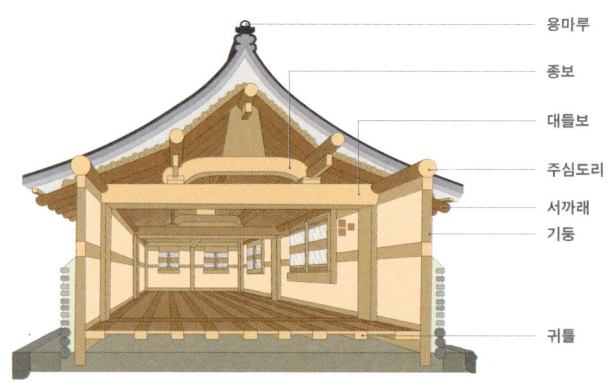
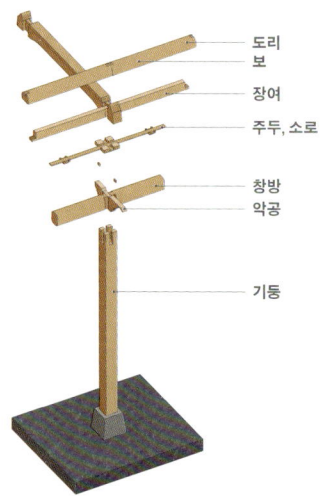

한옥의 목구조. 기둥에 보와 도리를 놓아 가구를 짜고, 그 위에 서까래를 얹어 지붕을 만들었다.

결구 부위가 좁혀지거나 넓혀지면서 결속된다. 변형된 접합 부위는 마지막에 산지나 띠쇠를 끼워 보강한다. 산지는 폭이 좁고 긴 나무토막으로, 두 개 이상의 부재를 관통하여 부재가 이동하거나 뒤틀리는 현상을 막는 물림쇠의 역할을 한다. 띠쇠는 좁고 기다란 형태의 하드웨어다. 대개 목재의 조직이 터지거나 갈라지는 것에 대비하여 기둥에 감거나 서로 다른 두 부재를 이을 때 벌어지지 않도록 덧대는 방식으로 사용한다. 서까래를 받치는 소로와 첨차에도 하드웨어를 적용한다. 이들은 수평방향으로 쌓는 다른 부재와 달리 수직방향으로 세워서 적층하는 것이 특징인데, 이러한 형태는 구조적으로 제 위치에서 벗어나기 쉽다는 단점이 있다. 때문에 부재의 접합부에 구멍을 뚫고 촉을 끼워 이탈을 막는다. 촉은 폭이 좁고 기다란 형태의 나무토막으로 산지보다 크기가 작다. 중국 송나라 시기의 건축기법을 집대성한 《영조법식(營造法式)》에는 촉의 구멍 크기를 규격으로 정해서 사용했다는 기록이 있다. 이는 동양 목조건축의 보강재가 시공현장에서 임기응변하는 대응책이 아니라, 미리 계획하는 요소였음을 보여준다. 우리나라에서는 익산 미륵사지의 소로나 경주 안압지의 공포부재에서 그 흔적을 발견할 수 있다.

두 번째는 기둥 몸체에 쓰는 하드웨어다. 한옥은 기둥과 보를 연결해 만든 구조체에 인방을 걸거나 귀틀을 꽂아 벽과 마루를 만들었고 고정할 때는 부재를 기둥의 홈에 깊이 끼운 뒤 다시 당겨서 제자리에 설치하는 '되먹임' 조립법을 이용한다. 이를 위해 수평부재는 기둥에 걸 수 있도록 기둥 간격보다 길게 만들었고, 기둥의 홈 역시 결구부인 장부의 길이보다 2배 이상 깊게 팠다. 하지만 이러한 방식으로 고정하면 결속 부위에 공간이 생긴다. 그래서 시공이 끝나고 나면 쐐기를 끼워 빈틈을 채운다. 쐐기는 빈틈보다 약간 크게 가공한 다음 망치로 밀어 넣으면 목재가 수축 팽창하면서 부재를 단단히 고정한다.

마지막으로 서까래 위에 자리하는 하드웨어다. 서까래는 보와 수직을 이루는 도리에 비스듬히 걸쳐 한옥 지붕 특유의 경사를 만든다. 이때 아무런 장치 없이 서까래를 얹으면 시간이 지나면서 아래로 빠져버린다. 그래서 서까래와 지붕 중심의 뼈대인 용마루가 교차하는 지점에 구멍을 뚫고 대나무나 싸리나무로 만든 연침을 꽂아 아래로 빠지려는 힘을 상쇄시켰다. 하지만 연침은 서까래의 하중을 오래 견디지 못했기에 이후 못을 이용해 서까래를 직접 도리에 박는 방식으로 바뀌었다. 이 때 사용하는 못을 서까래 못 또는 연정이라고 부른다.

지붕의 경사가 한차례 꺾이면서 삼각형의 벽을 만드는 팔작지붕은 기둥인 우주 위에 대각선으로 추녀를 놓아 지붕의 형태를 만든다. 그러나 추녀는 서까래와 비교해 크기가 크고 반대편의 부재와 맞닿지 않아 연침으로 고정할 수 없다. 추녀의 빠짐을 막기 위해서는 쇠로 만든 추녀 못인 추녀정이나 띠쇠, 감잡이쇠로 접합해야 한다.

규모가 큰 목조건축물은 우주 근처에서 닻 모양의 부재를 찾을 수 있다. 이는 추녀와 도리를 관통한 쐐기 끝에 산지를 꽂은 것으로, 강다리라고 부른다. 강다리는 하부를 맞춤하거나 반자 또는 공포 부재에 가려서 잘 보이지 않는다. 법주사 대웅보전과 불국사 대웅전은 강다리가 노출되어 있는 몇 안 되는 건축물이니, 추녀 결구의 보강재를 확인해보자.

(위쪽부터) 경복궁 근정전에 쓰인 고주 퇴량
연결띠철못과 부연정.

한국 전통 목조건축의 하드웨어의 발달 과정과 경향

동양의 목조건축은 역사를 보여주는 유산이지만 한편으로는 시대를 거쳐 발전을 거듭하는 현재 진행형의 건축술이기도 하다. 2009년 국가연구 개발사업으로 시작한 한옥 기술개발 R&D는 하드웨어를 이용해 한국 전통의 목조건축을 구축하는 여러 방식을 연구했고, 공공건축으로 실증하기도 했다.

그러나 우리의 전통 목조건축을 재료와 구조 차원에서 이해하려는 노력은 여전히 일부에 국한되어 있다. 단편적으로 목조건축은 목재부터 금속까지 다양한 소재의 하드웨어를 사용하는 것임에도 아직 우리나라에서는 목재를 사용하지 않는 목조건축은 우리 고유의 것이 아니라는 인식이 팽배하다. 이러한 이유로 한옥 신기술은 크게 확산되지 못하였고, 서양 목구조의 건축술을 수입해야 하는 상황에 놓여 있다. 일례로 2019년 3월 개정된 「목구조 부재설계(KDS 41 33 04 : 2019)」에는 "1.7.2.1. 목구조의 내진설계 방법: 일반적으로 목구조는 가볍고, 진동의 흡수를 통한 내진 성능이 우수하기 때문에…"라고 명시되어 있다. 하지만 이는 흔히 서양 목구조라고 부르는 경골목구조에 해당하는 내용이다. 같은 해 10월, 한옥과 같은 중목구조 주택에 제한적으로 적용할 수 있는 「소규모 건축구조 기준 전통 목구조(KDS 41 91 32 : 2019)」가 제정되었으나 이마저도 응급처방의 성격이 강하다. 내용을 살펴보면 내진 성능 확보를 위해 접합부에 서양의 고정 하드웨어를 사용하거나 서양 목조건축에 등장하는 구조용 합판이나 OSB 등으로 칸을 채우는 등 동양의 목조건축술과는 관련이 적은 방식이 대부분이다. 어느 구조학자는 "지금이라도 한국 전통 목구조의 접합부를 표준화할 수는 없느냐"고 반문한다.

한국은 문화재를 수리하거나 한옥을 지을 때에 참고할 수 있는 자세하고 친절한 시방서를 만들어가는 단계에 있다. 언젠가는 대표적인 목조건축 하드웨어를 조사하여 정리할 날도 올 것이다. 하지만 전통 목조건축에 사용된 접합부와 보강재를 재료와 기법 측면에서 이해하려는 시도가 우선시되어야 한다.

김종범 (건축도시공간연구소 국가한옥센터 연구원)
한국전통문화대학교 문화유산융합대학원 문화재수리 전공 박사 과정을 수료하였으며, 2016년부터 건축도시공간연구소 공간문화연구단 국가한옥센터에서 연구원으로 재직 중이다. 주요 연구로는 「도시건축박물관 건립 및 전시 프로그램 구체화 연구」(2020), 「세계유산 개성역사유적지구 남북공동 보존 기본계획」(2019), 「지역 정체성 제고를 위한 농촌주택 개량사업의 한옥적용 활성화 방안」(2019), 「한옥 건축양식 개념 및 사례분석을 통한 정책 담론 연구」(2019) 등이 있다.

Market of Hardware

건축 하드웨어 시장의 현주소와 개선 방향

1994년 성수동과 압구정동을 잇는 성수대교의 중심부 48m가 무너졌다. 토목 전문가들은 교량 붕괴의 원인으로 이음새 핀AHf08의 부실 시공과 관리 소홀을 꼽는다. 건축에서 하드웨어의 비중이 점점 더 커지고 있음에도 국내 건설 시장이 이를 간과하는 이유, 그리고 이를 해결하기 위한 정책적 대안을 살핀다. 글 정신오

연도	일반 공사직종 평균 노무비
2001년	71,896원
2010년	114,847원
2020년	215,178원

대한건설협회에서 조사한 건설업 평균 임금

양질의 건축 하드웨어가 필요한 진짜 이유

대한건설협회에서 조사한 건설업 평균 임금을 살펴보면 일반 공사직종의 노무비는 2001년 71,896원, 2010년 114,847원, 2020년 215,178원으로, 지난 20년간 3배가량 상승했다. 업계 종사자와 정책 전문가는 다른 직종보다 가파른 성장세를 보이는 이유 중 하나로 청년층이 건설업을 기피하면서 현장 인력을 수급하기 어려워진 점을 꼽는다. 이들은 건설업의 임금이 앞으로도 꾸준히 상승할 것이라 입을 모은다.

이에 업계에서는 부지런히 대비책을 고안한다. 이제 인력 중심이었던 현장은 점차 기계화 시공으로 바뀌고 있으며 건설사에서는 효율적이고 체계적인 운영과 시공 품질의 양질화를 위해 공장제작 비중을 늘려 탈현장화를 꾀한다. 실제로 포스코에서는 2019년부터 공장에서 내외장재를 결합한 일체형 벽체 모듈을 만들고 현장에서 설치만 하면 구조가 완성되는 '모듈러 공법'을 아파트에 적용했다. 이러한 변화 속에서 건축 하드웨어는 부재를 연결하는 핵심 소재로 급부상하고 있다.

그러나 이러한 변화에도 불구하고 국내 건축 하드웨어 시장은 여전히 제자리다. 제품개발이 이루어지기는커녕 원가를 낮추기 위한 경쟁이 치열하다. 온라인 철물점의 등장으로 하드웨어의 단가가 노출되면서 이같은 분위기는 더욱 고조되었다. 영세한 시장 규모도 성장의 발목을 잡는 요인 중 하나다. 건축용 하드웨어는 대개 강판, 강관과 함께 철물점에서 판매되는데, 한국산업용재협회의 회원사 7만 개의 철물점 중 92.3%가 5인 이하의 사업장이다.

하드웨어의 국산화, 어디서부터 문제인가?

그렇다면 왜 건축 하드웨어 시장은 성장하지 못하고 제자리걸음만 하는 걸까? 이를 이해하기 위해서는 하드웨어를 이용한 서양의 건축양식이 처음 도입된 시점을 살펴볼 필요가 있다.

일제강점기 무렵, 민족말살 정책의 일환으로 들어온 일본과 서구의 문화는 국민들의 일상에 자연스럽게 스며들었고, 한국전쟁 이후 빠르게 퍼져나갔다. 이 과정에서 국내 환경에 맞지 않는 하드웨어가 무분별하게 들어와 유통되었다. 이러한 현황은 지금까지도 이어진다. 일례로 전통 한옥에서 사용하는 기둥-보

△△ 하드웨어는 건물의 구조 성능을 보강하고 단단한 연결을 돕는다.
△ 일부 현장에서는 단가를 낮추기 위하여 마감재에 가려져 보이지 않는 부위에 검증되지 않은 중국산 하드웨어를 적용한다.

목구조를 일본식으로 변형된 북미의 경골목구조가 대체하면서 이와 관련된 하드웨어가 도입됐다. 문제는 이것이 국내의 목재 수종에 적합하지 않음에도 그대로 받아들여졌다는 것이다. 도입 당시 일본에서 사용하던 러시아산 미송Wfc01과 달리 우리나라에서 주로 적용했던 낙엽송Wc02은 목질이 단단하고 밀도가 높아 하드웨어만으로 고정되기 어렵다. 이 경우 스크류AHf02 대신 핀AHf08을 써야 하고, 사전에 미리 목재에 구멍을 뚫어 갈라짐을 방지하는 등 정밀 가공 과정이 필요하다. 이렇듯 국내 환경에 맞지 않는 하드웨어는 공정을 비효율적으로 만들고, 구조적으로 불완전한 건축물을 양산하는 원인이 되었다.

　지금이라도 국내 환경에 맞게 개발하면 되지 않느냐고 반문하지만 비용 문제로 쉽지 않다. 새로운 하드웨어를 개발하기 위해서는 여러 성능 시험을 거쳐야 하는데, 간단한 역학 테스트조차 억대의 비용이 든다. 하드웨어의 개당 비용이 1만 원 내외인 점을 보았을 때, 업체에서 개별적으로 개발에 투자하기에는 시장성이 담보되지 않는다는 문제가 있다.

최저가 낙찰제로 인해 가격 경쟁에서 밀려난 국산 하드웨어

저렴한 중국산 제품 역시 국내 하드웨어 시장을 위협하는 요소 중 하나다. 중국산 제품이 쓰이게 된 데에는 최저가 낙찰제의 영향이 크다. 최근까지도 우리나라는 입찰경쟁에서 가장 낮은 금액을 제시한 업체가 프로젝트를 수주했다. 건설사에서는 낙찰을 위해 기본 예산에서 70~80% 정도로 낮춘 금액을 제시한다. 낙찰 금액은 하도급 업체를 선정하는 과정에서 다시 한 번 낮아지고, 결국 초기 예산의 60% 정도 비용으로 시공해야 한다. 이에 건설사에서는 재료 단가를 낮춰 공사비를 맞춘다. 그중 가장 대표적인 방법이 중국산 하드웨어를 사용하는 것이다. 대한건설정책연구원 유일한 연구실장은 "일반적으로 재료비 중 비율이 가장 높은 철강재의 단가를 낮춘다"며 "그중 형강, 철근은 쉽게 제품을 확인할 수 있어 KS 인증을 받은 국산을 쓰고, 앵커AHfa, 볼트AHf04와 같은 선재, 앵글AHca, 플레이트AHcp 같은 판재 등 마감재에 가려져 보이지 않는 하드웨어는 저렴한 중국산 제품을 쓴다"고 귀띔한다. 중국산 제품은 품질 편차가 심하고, 성능이 균일하지 않다. 강도를 높이기 위해 화학 첨가물을 넣기 때문에 화학적 성능이 떨어지고 화재가 발생했을 때 부러지기도 한다. 하지만 국내산보다 적게는 15%, 많게는 50%까지도 저렴해 현장에서는 비용 절감을 위한 좋은 대체품으로 여겨진다. 대표적으로 유리 하드웨어가 그러하다. 현재 국내의 유리 하드웨어 시장은 전체의 70~80%가 수입 제품이고, 그중 50~60%는 중국산이 차지하고 있다. 구조적 안전성을 고려한다면 품질을 믿을 수 있고 적용하는 매뉴얼이 명확한 유럽산 제품을 사용하는 것이 옳지만 국내에서는 가격적으로 접근하려는 경향이 크기 때문에 유럽산 제품의 선택 비율이 낮다. 발주처에서 사용할 하드웨어를 지정하더라도 현장에서는 이를 적용할 필요성을 느끼지 못하고, 저렴한 제품을 우선적으로 선택하다 보니 시장의 자국화는 더욱 요원한 실정이다.

건축 하드웨어 개발을 위한 제도적 대안

최근 국내에서도 하드웨어를 개발하는 환경을 만들기 위해 여러 정책을 준비 중이다. 그 첫걸음은 품질의 상향 평준화다.

건설진흥연구원에서는 2020년 「건설진흥법 시행령」 제 95조를 개정해 볼트, 너트AHf05에 대해서 품질이 검증된 제품을 쓰도록 규정했다. 물론 값싼 하드웨어로 단가를 낮출 수 없게 된 건설사의 반발이 심해 볼트와 너트 외에 다른 하드웨어까지 법으로 규정하는 데에는 시간이 소요될 것이다. 하지만 '관련 제도를 만듦으로써 위반 사항이 발견되었을 때 책임 소재가 분명해지고, 여러 시행착오를 거치면서 하드웨어 시장도 조금씩 정화될 것'이라는 것이 건설진흥연구원의 의견이다. 유일한 연구실장은 "이 규정은 KS 기준을 강화하는 방법을 통해 국산 제품의 품질을 높이고, 성능이 떨어지는 중국산을 거르는 대안이 될 수 있다"고 말한다. 이 과정에서 국내 영세한 하드웨어 업체가 도태되지 않게 하기 위해 자체적인 하드웨어 제품을 개발할 수 있도록 하는 경제적 지원이 국가나 공공기관 차원에서 뒷받침되어야 할 것이다.

우리는 지난 20년간의 노무비 상승과 건설사의 행보를 통해 하드웨어의 중요성을 간접적으로 경험했다. 지금까지 크고, 높은 건물을 올리기 위해 노력했다면 이제는 빠르고 튼튼하게 시공하면서 자재와 시공 품질을 높이고 내실을 다져야 할 때다. 이를 위해 하드웨어 전문 업체와 시공사, 나아가 건축가의 노력과 관심이 필요하다.

현장을 효율적으로 운영하면서 삭업 숙련도에 피 우되지 않고 높은 품질을 내기 위해서는 하드웨어의 활용을 개선해야 한다.

Hardware of Atypical Architecture

비정형 건축의 구현, CNC 형상제어 공법에서 해답을 찾다

빌바오 구겐하임 미술관이나 DDP처럼 어느 하나 같은 모양의 자재가 없는 비정형 건축물은 정형 건축물과는 다른 방식으로 부재를 연결해야 한다. 복잡한 형상의 부재를 정확하게 계획하고 정밀하게 시공하는 비결은 무엇일까? 디지털 패브리케이션 엔지니어링 회사인 위드웍스의 김성진 대표에게 듣는 비정형 건축 구현의 해결책.

글 **김성진**(위드웍스 대표) 자료 제공 **위드웍스**(별도 표기 외)

비정형 건축물의 부재, 어떻게 만들고 연결할까?

정형 건축물을 이루는 부재들은 대개 평평하고 각도가 일정하다. 그래서 대부분 현장에서 부재를 가공하고, 특별한 기술 없이도 기준점을 찾아 시공하는 것이 가능하다. 하지만 비정형 건축물이라면 이야기가 달라진다. 수없이 많은 3D 기준점을 현장에서 정확하게 찾아 시공하기란 불가능에 가깝다. 완성도 높은 비정형 건축물을 구현하기 위해서는 새로운 공법이 필요한데, 이를 실현하는 것이 바로 CNC(Computerized Numerical Control, 컴퓨터 수치 제어) 방식을 이용한 형상제어 공법이다. 이 공법은 CNC 재단이나 로봇 용접, 3D 프린팅 등의 디지털 제조 기술을 활용하여 외장재를 지지하는 구조체를 정밀하게 제작하고 조립하는 방식으로, 외피부터 구조체와 연결 지점까지 통합적으로 관리해 전체의 형상을 구현한다. 이를 이용하면 현장 실측이 아닌 3D 설계 자료에 맞춰 비정형 외장재를 제작, 설치할 수 있어 공사 기간이 줄어들고 시공 품질은 높아지게 된다.

CNC 형상제어 공법의 종류로는 CNC T-Bar 시스템, CNC 트위스티드 튜브 시스템, 스마트 노드 시스템이 있다. 그리고 이들 시스템에서는 각 부위마다 기능과 재료의 특성을 고려한 고정 하드웨어AHf를 사용한다.

CNC T-Bar 시스템에서 사용하는 브래킷. T-Bar에 설치해 외장재를 고정하는 역할을 한다.

다양한 곡률의 구현에 최적화된 솔루션
CNC T-Bar 시스템

CNC T-Bar 시스템은 곡률Curve이 각기 다른 비정형 곡면 부재를 제작하는 데 최적화된 방식이다. 본래 선박이나 항공기에서 비정형 부재를 제조하기 위해 사용하는 형상제어 공법을 건축에 응용한 것으로, 비정형 외장재를 3차원 좌표로 정밀하게 제어함으로써 형상을 정확하게 구현하는 것이 특징이다. 서천 국립생태원 생태체험관(2012)과 MBC 상암동 신사옥 판매시설(2013), 그리고 서울대학교 버들골 풍산마당(2015)과 롯데월드타워 포디움(2016)이 이 공법으로 지어진 대표 건축물이다.

T-Bar는 건물의 각 좌표에서 외장재의 형상에 맞추어 제작한 T자형 단면 부재로, 외장재를 지지하는 일종의 하드웨어라고 이해하면 쉽다. 건물의 형상을 유지하는

동시에 마감재를 고정하고 정확한 위치에 부재를 시공할 수 있도록 기준이 되는 좌표의 역할을 한다.

　부재를 가공하는 방법도 일반적인 비정형 공법과는 차이가 있다. 곡률이 일정한 부재들은 대부분 힘을 가해 구부리는 벤딩Bending 방식으로 가공한다. 그러나 이 방법은 곡률이 크고 다양해질수록 제조와 시공 과정에서 오차가 생기기 쉽다. CNC T-Bar 시스템은 벤딩이 아닌 전개와 레이저 용접 방식을 이용한다. 레이저 용접은 자동차 같은 정밀제조산업에서 사용하는 방법으로 일반적인 용접보다 비용이 높지만, 철판의 두께에 따라 레이저의 출력을 다르게 적용할 수 있어 제조 오차가 4m당 1mm 이내일 정도로 정밀하다. 또한 용접열에 의한 변형이 없고 작업 속도가 빨라 생산성이 뛰어나다.

　T-Bar는 CNC 레이저 평판 커팅기를 이용해 강판을 전개도대로 재단한 다음, 레이저로 용접해 완성한다. 그리고 내·외장재의 종류와 위치에 따라 각각에 맞는 하드웨어를 이용해 설치한다. 원불교 소태산 기념관(2019)은 CNC T-Bar 시스템을 적용해 다이아그리드 패턴의 알루미늄 비정형 곡면패널을 구현했다. 또 실리콘 대신 비정형 외장재 고정용 브래킷AHcb을 이용해 패널을 T-Bar에 설치했다. 이러한 디테일은 현장 시공의 정밀도를 높이고, 실리콘으로 인한 오염으로부터 외장재를 보호할 수 있어 유지관리에 매우 효과적이다.

대구 디아크는 외장재를 지지하는 구조체에 CNC 트위스티드 튜브 시스템을 적용했다.

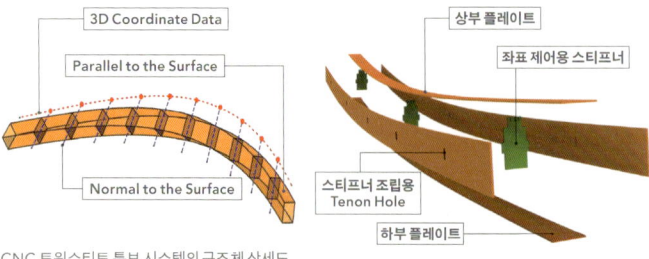

CNC 트위스티트 튜브 시스템의 구조체 상세도.

Story of Architectural Hardware

형상과 구조를 함께 만족시키는 솔루션
CNC 트위스티드 튜브 Twisted Tube 시스템

CNC T-Bar 시스템이 T-Bar를 이용해 외장재를 지지한다면, CNC 트위스티드 튜브 시스템은 아예 마감재의 형상에 맞춘 구조체를 만들어 형태의 완성도와 구조 안정성을 더욱 높인다. 설계와 제조 방법이 까다로운 대신 철골 부재의 물량을 최소화하고 이후의 공정에서 3차원 좌표를 보다 정확하게 관리할 수 있어 전체적인 시공의 품질이 높다. 덕분에 T-Bar 시스템으로는 구현이 불가능한 구조 디자인에도 적용이 가능하다. 또 구조체 자체로도 충분히 아름다워 노출할 경우 자유로운 비정형의 구조미를 드러낼 수 있다. 곡면 루버를 제작하는 경우에도 이 방식을 적용하면 기존의 벤딩 방식보다 정확도가 훨씬 높아진다. 또 CNC 트위스티드 튜브와 외장재를 결합할 때 기존의 브래킷 대신 스마트 노드 브래킷을 사용할 경우 더욱 정밀한 시공이 가능하다. 스마트 노드 브래킷은 3D 프린팅 기술을 기반으로 부재의 교차점에서 다양한 각도의 형상을 만들 수 있어 형태가 복잡하거나 패턴이 불규칙한 입면도 문제없이 구현해낸다.

    이 시스템을 도입해 지어진 대표 건축으로는 중국의 베이징 올림픽 주경기장(2008), 미국 시애틀에 지어진 아마존의 사옥, 더 스피어스(2018)가 있다. 국내에는 대구 디아크The ARC (2011)의 외장재 지지 구조, MBC 상암동 신사옥 판매시설의 철골 구조, 포스코 스틸 갤러리의 비정형 루버에 적용되었다. 그중에서도 디아크는 국내에서 처음으로 CNC 트위스티드 튜브 시스템을 적용해 지어진 건축물이라 더욱 의미있다. 당시 기간이 촉박했던 탓에 구조 시스템과 별개로 비정형 ETFE 외장재를 독일에서 제작해야 했다. 현장 실측 없이 3D 설계 자료에 맞춰 만들었음에도 CNC 트위스티드 튜브 시스템이 정밀하게 구현된 덕분에 재발주 없이 완벽하게 시공을 마칠 수 있었다.

3D 프린팅을 접목한 혁신적인 솔루션
스마트 노드 시스템 Smart Node System

3D 프린팅 기술을 도입해 제작한 스마트 노드 브래킷.

영국 대영박물관의 천창이나 독일 프랑크푸르트의 쇼핑몰인 마이자일MyZeil의 입면에서처럼 비정형 디자인을 투명하게 구현하기 위해서는 철제 구조 프레임과 부재를 연결하는 절점, 즉 노드Node가 필요하다. 절삭 또는 용접 방식으로 제작하는 기존의 노드는 유리가 만나는 각도의 변화가 심하지 않은 곳에서는 크게 문제가 되지 않는다. 그러나 갤러리아 광교의 입면처럼 각도의 변화가 큰 경우에는 입면과 구조의 중심축이 일치하지 않아 노드가 비정상적으로 커질 수 있다. 또 유리의 간격이 일정하지 않아 시공 품질이 낮아질 위험이 있다. 스마트 노드 시스템은 3D 프린팅 기술을 활용해 이러한 문제를 혁신적으로 해결한다. 이 기술을 접목하면 형상이 급격하게 변하는 노드도 정밀하게 제작이 가능해 시스템의 조립 기간을 줄이고 뛰어난 시공 품질을 확보할 수 있다.

    또한 형상이 다양하고 꺾임각이 각기 다른 유리를 구조체에 고정하기 위해서는 결합을 위한 디테일이 필요한데, 이때 이용하는 것이 특수 경첩형 고정 브래킷이다. 이 브래킷은 디테일을 구현하는 핵심 기술로, 스마트 노드와 철제 프레임, 유리가

© 김창묵

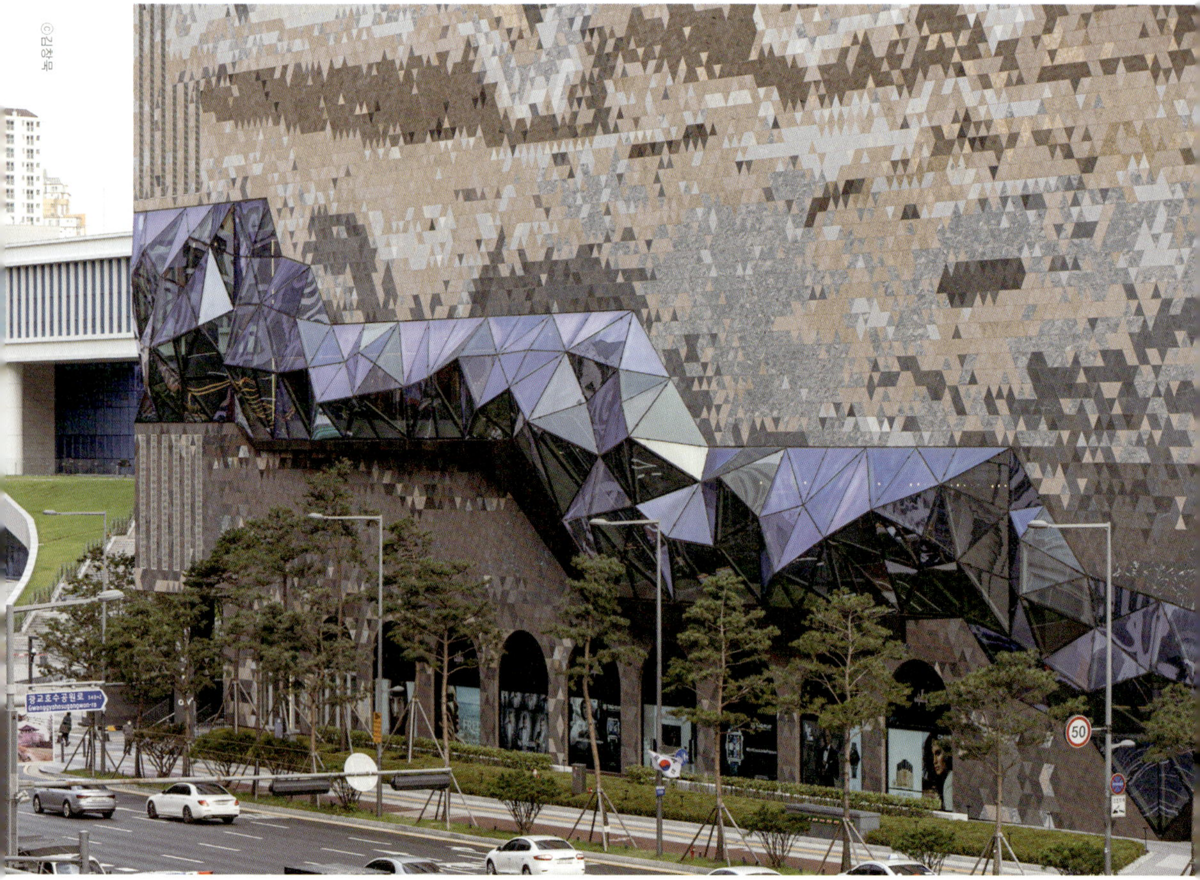

갤러리아 광교에서는 647개의 스마트 노드를 사용해 비정형 유리 파사드를 구현했다.

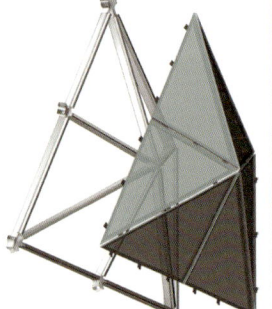

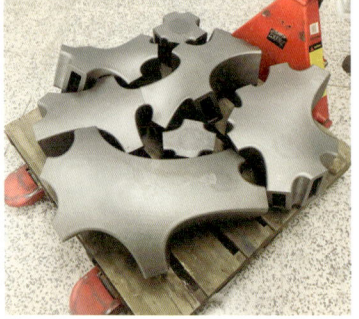

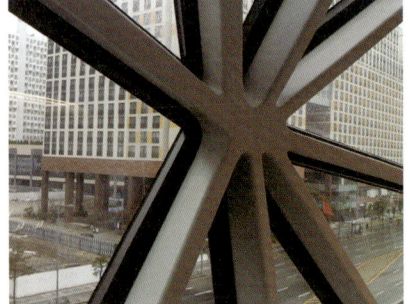

(왼쪽부터) 유리와 스마트 노드 시스템의 고정 상세도, 갤러리아 광교에 적용한 스마트 노드.

결합하면서 생기는 다양한 각도에 대응하며 부재를 잇고 고정한다.

갤러리아 광교에서는 비정형 유리 파사드를 구현하기 위해 647개의 스마트 노드를 사용했다. 스마트 노드는 3D 프린터를 이용하여 제각기 다른 형태의 몰드Mold를 제작한 후 주강을 주조하여 완성하였다. 1,652장의 비정형 유리는 현장 실측 없이 3D 설계 데이터를 바탕으로 제조되었다. 7개월이라는 짧은 시간 내에 제조와 시공 오차가 5mm 이내로 완성도 높은 비정형 유리 파사드를 구현할 수 있었던 것은 스마트 노드 시스템을 적용한 덕분이었다. 이 기술이 비정형 철골 구조의 연결점 같은 복잡한 접합부에 활용된다면 제작 기간을 줄이고 시공 품질을 확보하는 데에 매우 효과적일 것이다.

CNC 형상제어 공법과 3D 기술의 무한한 가능성

비정형 건축을 정확하고 아름답게 구현하기 위해서는 3D 기술과 공장의 정밀 제조 방식을 보다 적극적으로 이용해야 한다. 항공이나 선박에서는 이미 CNC 형상제어 기술이 보편적으로 쓰이고 있으며, 건축에서는 비정형 건축물의 필수 공법으로 자리매김하고 있다. 각각의 부재를 정확하게 조합해 하나의 형태를 완성하기 위해서는 정밀한 연결이 중요하다. 시스템과 하드웨어를 조건에 맞춰 정확하게 설계하고 제작해야 하는 이유다.

최근에는 스마트 노드를 대형화하여 철골 구조의 복잡한 연결 부위에 사용하는 하드웨어로 개발 중이고 CNC 형상제어재에 연결하는 하드웨어 일체형 3D 프린팅 패널도 함께 연구하고 있다. 이는 패널을 제작하는 과정에서 고정 브래킷의 위치를 자동으로 결정하여 생성하는 신기술로, 복잡한 형상도 문제없이 구현해낸다. 이 밖에도 3D 프린팅 기술을 활용한 혁신적인 구조재와 마감재가 곧 현실화될 전망이다.

김성진 (위드웍스 대표)
건국대학교 건축공학과를 졸업하고, 건축연구소TOP, 테제에서 실무 경험을 쌓았다. 2007년 위드웍스를 설립하여 현재 ㈜위드웍스에이앤이건축사사무소의 대표이사로 근무 중이다. 국내 여러 비정형 건축의 엔지니어링을 해오고 있으며, 대표 작업으로는 디아크, 트라이볼, 롯데월드타워 포디움이 있다.
www.withworks.kr

3

**ARCHITECTURAL
HARDWARE
SOLUTION
BY MATERIAL**

3.1

Wooden Architecture Hardware

목조건축의 하드웨어

이번 장에서는 목조건축에서 사용하는 하드웨어의 종류와 용도를 살펴보고, 정확한 이용을 위한 선택과 시공 가이드를 제시한다. 목조건축의 종류와 부재 용어 등 하드웨어를 이해하기 위해 미리 알아두면 좋을 사전 지식까지 함께 만나보자.

WOOD

**Types of
Wooden Architecture
Hardware**

구조에 따라 구분하는 목조건축 하드웨어의 종류

목조건축은 흔히 목재로만 이루어져 있다고 생각하지만, 사실 곳곳에 금속 하드웨어가 함께 자리한다. 이들은 부재를 잇고 결속해 건축물의 단단한 구축을 돕는다. 대표 목구조인 경골목구조와 기둥-보 구조에서 사용하는 하드웨어의 종류와 쓰임을 살펴본다. 글 정경화

목조건축의 종류와 하드웨어

목조건축에서 하드웨어의 역할

목조건축에서는 목재를 연결해 만든 구조체가 건물의 자중, 지진과 바람 등의 하중을 지지한다. 스튜가목조건축연구소 김갑봉 대표는 목조건축 속 하드웨어의 역할을 다음과 같이 설명한다. "철근콘크리트 구조와 철골 구조의 연결 부위는 힘을 받았을 때 변하지 않고 버티는 강절점 구조입니다. 반면 목조의 결합 부위는 힘을 받으면 밀렸다가 돌아오는 활절점, 즉 힌지Hinge 구조를 이뤄요. 하드웨어는 이러한 연결 부위를 보강하고 적절히 잡아줍니다." 그의 말대로 목조건축에서 하드웨어는 부재를 단단하게 접합하는 동시에 하중을 지붕에서 기초까지 골고루 분산하는 역할을 한다. 못AHf01이나 볼트AHf04 같은 고정 하드웨어AHf는 이러한 하중의 전달 경로를 만들어주는 장치다.

목조건축의 종류 ① 경골목구조

경골목구조는 공장에서 가공한 얇고 가벼운 목재를 조합하여 벽식 구조로 건물을 짓는 방법이다.

시공 과정을 살펴보면, 먼저 공칭 두께가 50mm인 규격재를 약 40cm 간격으로 세우고 못으로 접합해 벽체 틀을 만든다. 그 다음, 부재 사이마다 단열재를 채우고 바깥 표면에 덮개와 마감재를 덧붙여 완성한다. 이처럼 공법이 쉽고 단순해 건물을 비교적 간편하고 빠르게 지을 수 있다는 점이 경골목구조의 대표 장점이다. 특히 목재가 풍부한 북미에서는 경골목구조가 저렴하면서도 빠르게 건물을 짓는 방법으로 자리잡아 흔하게 쓰이고 매우 발달했다.

단점은 벽식 구조인 탓에 벽체와 벽체 사이를 넓게 띄우기 어려워 공간의 구획이 제한적이다. 또 천장이 낮고 위층의 소음이 내력벽을 타고 전달될 가능성이 높다. 이런 이유로 대개 규모가 작은 단독주택을 지을 때 쓰인다.

목조건축의 종류 ② 기둥-보 구조

경골목구조가 얇은 규격재를 촘촘하게 설치해 하중을 분산시킨다면, 기둥-보 구조는 무거운 구조용 목재로 만든 구조체가 하중을 집중 전달한다. 시공 과정을 살펴보면, 우선 CAD나 CAM 프로그램을 이용해 자재를 대량 가공하는 프리컷 공법으로 목재를 재단한다. 그리고 하드웨어로 부재를 연결해 구조체를 세운 다음, 마감재를 설치해 완성한다.

기둥-보 구조는 우리나라의 한옥, 유럽의 팀버프레임, 일본의 기둥-보 구조 등 지역마다 조금씩 다른 모습으로 발전하며 중목구조의 대표 주자로 자리잡았다. 경골목구조에 비해 비용이 높지만 훨씬 튼튼하고 지진, 태풍 등의 외부 충격에 강하다. 부재 사이의 간격이 넓어 탁 트인 개방감을 주고, 개구부를 크게 계획할 수 있다는 장점도 있다. 또, 구조의 자유도가 높아 공연장이나 체육관 같은 대규모 건축에 폭넓게 쓰인다.

+TIP 미리 알아두면 좋은 목조건축 부재 용어

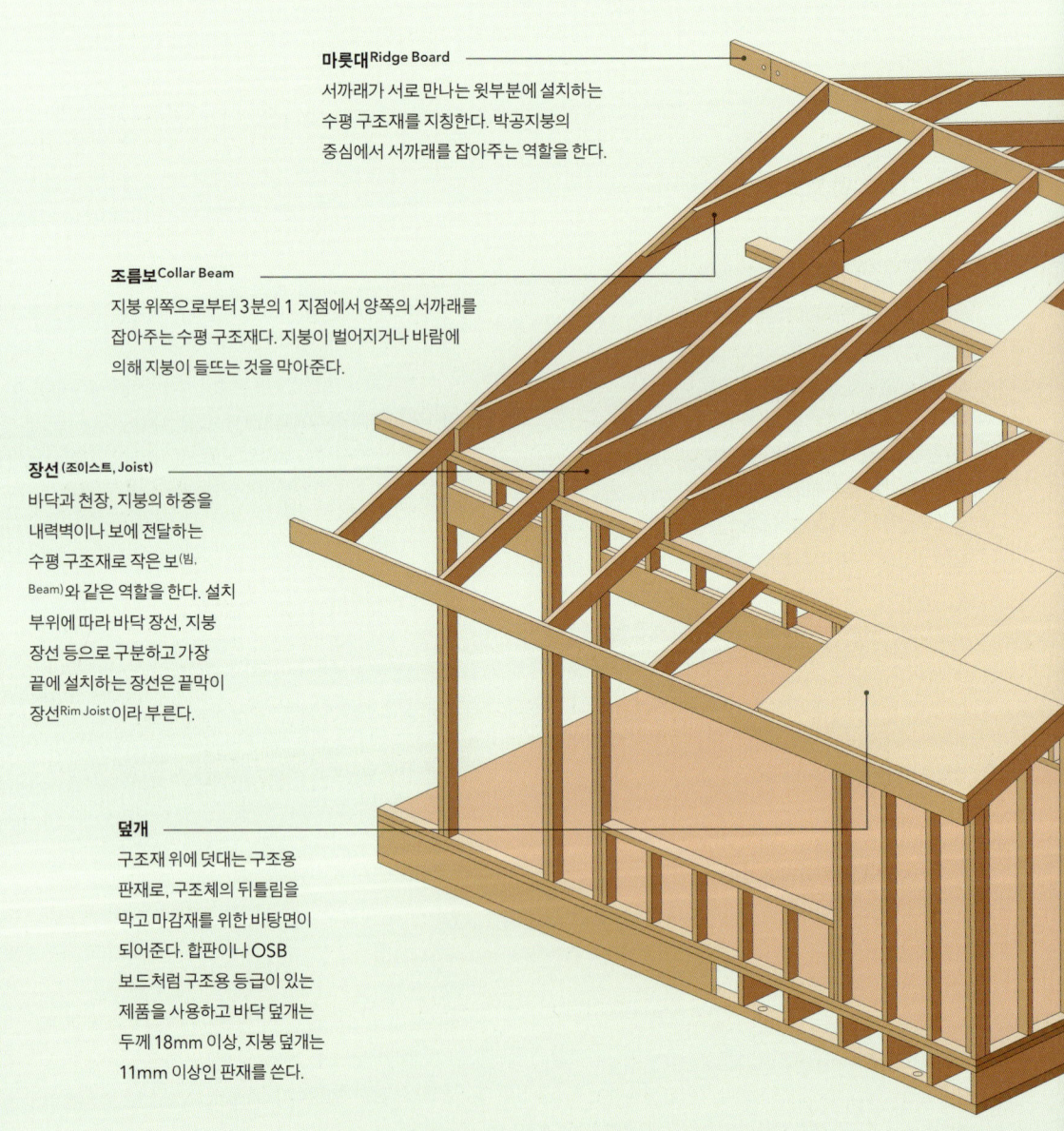

마룻대 Ridge Board
서까래가 서로 만나는 윗부분에 설치하는 수평 구조재를 지칭한다. 박공지붕의 중심에서 서까래를 잡아주는 역할을 한다.

조름보 Collar Beam
지붕 위쪽으로부터 3분의 1 지점에서 양쪽의 서까래를 잡아주는 수평 구조재. 지붕이 벌어지거나 바람에 의해 지붕이 들뜨는 것을 막아준다.

장선 (조이스트, Joist)
바닥과 천장, 지붕의 하중을 내력벽이나 보에 전달하는 수평 구조재로 작은 보(빔, Beam)와 같은 역할을 한다. 설치 부위에 따라 바닥 장선, 지붕 장선 등으로 구분하고 가장 끝에 설치하는 장선은 끝막이 장선Rim Joist이라 부른다.

덮개
구조재 위에 덧대는 구조용 판재로, 구조체의 뒤틀림을 막고 마감재를 위한 바탕면이 되어준다. 합판이나 OSB 보드처럼 구조용 등급이 있는 제품을 사용하고 바닥 덮개는 두께 18mm 이상, 지붕 덮개는 11mm 이상인 판재를 쓴다.

목조건축, 특히 경골목구조는 현대건축에서 주로 사용하는 철근콘크리트 구조와 방식이 다르고 지칭하는 용어도 생소하다.
목조건축 하드웨어의 종류를 살펴보기에 앞서 미리 알아두면 도움이 될 부재 용어를 소개한다.

서까래 Rafter
지붕의 경사진 구조재로 지붕의 하중을 지지하는 뼈대 역할을 한다.

위깔도리 Top Plate **와 밑깔도리** Bottom Plate
스터드의 위아래에 설치하는 수평 구조재를 뜻한다. 설치 위치에 따라 위깔도리, 밑깔도리라 부르고, 벽체 상부에 이중으로 설치하는 것은 이중깔도리라 칭한다.

상인방 (헤더, Header)
개구부 상부에 설치하는 수평 구조재를 상인방이라 부른다. 개구부의 위쪽에서 가해지는 수직 하중을 지지한다.

샛기둥 (스터드, Stud)
벽체를 이루는 수직 구조재로, 설치 위치에 따라 명칭이 조금씩 다르다. 높이가 층고와 같은 부재는 킹 스터드 King stud, 개구부 위쪽에 설치하는 짧은 것은 반 스터드(크리플 스터드, Cripple stud), 개구부 양쪽에 덧대어 설치하는 짧은 스터드는 트리머 Trimmer라 부른다.

토대 Sill
콘크리트 기초 위에 설치하여 바닥 장선을 받쳐주는 수평 구조재를 의미한다. 건축물의 하중을 기초로 전달하고 콘크리트 기초의 수분이 스며 올라오지 않도록 막아주는 역할을 한다.

경골목구조의 하드웨어

경골목구조는 여러 부재들이 하중을 나누어 견디는 구조다. 그에 맞춰 하드웨어도 곳곳에 흩어져 있고 각각이 지지할 수 있는 하중이 그리 크지 않다. 때문에 부재의 기본 규격인 2×4, 2×6, 2×8in에 맞추어 크기가 작고 가벼운 편이다.

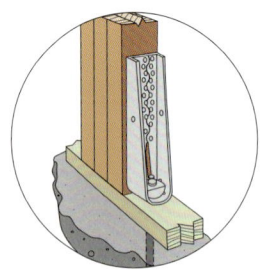

홀드다운 Holddown AHca01

현장에서 '홀다운'이라는 이름으로 더 익숙한 이 하드웨어는 지진이나 바람에 의해 건물이 넘어가지 않도록 구조체를 기초 하부에 단단히 정착시키는 장치다. L자 형태로 만들어 스터드부터 밑깔도리와 토대, 콘크리트 기초까지 한번에 연결한다. 목조 부재에는 못이나 스크류 AHf02로 고정하고 콘크리트 기초와 접합하는 부위에는 앵커를 사용한다.

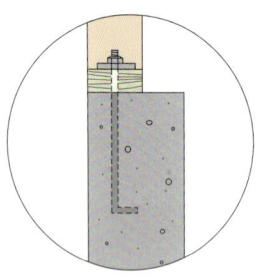

앵커 Anchor AHfa

토대를 콘크리트 기초 또는 지하 벽체에 고정하는 장치로, 바람이나 외부 충격에 의해 건물이 콘크리트 기초에서 벗어나거나 밀리지 않도록 잡아주는 역할을 한다. 외벽에는 L형 앵커를, 내벽에는 후설치 앵커인 세트 앵커 AHfa03나 화학적 앵커 AHfa02를 사용한다.

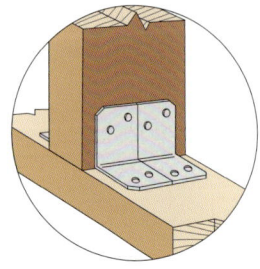

앵글 Angle AHca

부재가 수직으로 만나는 부위에서 연결을 보강하는 하드웨어를 지칭한다. 대개 ㄱ자 모양이고 각도에 맞춰 현장에서 직접 구부려 사용하는 제품도 있다. 스크류나 못, 앵커로 고정하고 전단 하중, 수직 하중 등 지지하는 하중의 종류와 무게에 따라 규격이 다양하다.

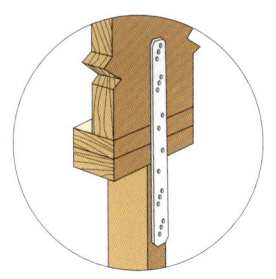

띠철물 AHcp01

평평한 플레이트 모양의 하드웨어로 부재가 만나는 이음새에 대어 서로를 연결하고 사이가 벌어지지 않도록 잡아주는 역할을 한다. 스트랩 타이 Strap Tie라고 불리기도 하며 국내에서는 대부분 층과 층 사이를 연결해 인장 하중을 전달하는 용도로 사용한다.

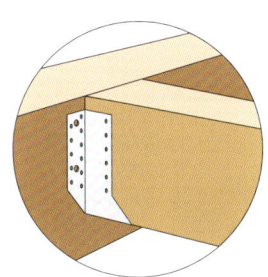

행어 Hanger AHcc01

행어는 수평 구조재와 장선, 기둥이 각각 만나는 부위에서 수직 하중을 지지하고 연결을 보조하는 장치를 뜻한다. 부재의 아랫면에 대고 위로 걸어 받치는 형태라 수평 부재를 쉽게 시공할 수 있다. 장선과 보가 만나는 곳에는 U자 모양의 조이스트 행어 Joist Hanger를, 창이나 문의 상인방에는 헤더 행어 Header Hanger를, 서까래와 마룻대가 만나는 부위에는 래프터 행어 Rafter Hanger를 설치한다.

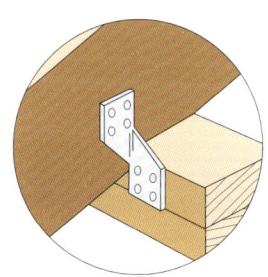

허리케인 타이 Hurricane Tie AHcp02

벽체의 위깔도리 또는 이중깔도리에 설치해 서까래나 지붕 트러스를 잡아주는 장치. 태풍이나 강한 바람으로 인해 지붕이 위로 들뜨거나 날아가는 것을 막아준다.

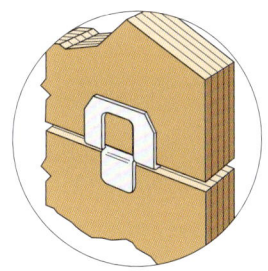

합판클립 AHcc02

구조용 판재 사이에 끼우는 하드웨어로, 판재 사이의 간격을 3mm 정도로 일정하게 유지해 수축팽창으로 인한 하자를 줄이고 부재가 틀어지지 않도록 잡아준다. 부재를 규칙적으로 연결함으로써 하중을 분산하고 구조 강도를 높이는 효과도 있다. 주로 지붕 덮개용 합판에 사용한다.

기둥-보 구조의 하드웨어

기둥-보 구조는 본래 기둥이나 보, 서까래 같은 구조재의 단면에 홈을 파고 서로 끼워 맞추는 짜맞춤 방식을 기본으로 한다. 그러나 이 방법은 부재를 깎아내는 만큼 연결 부위의 단면적이 줄어들기 때문에 하중이 지나치게 가해지면 부재가 절단되거나 결구 부분이 빠질 수 있다. 하드웨어는 이러한 부위의 연결을 보강하고 결구 부위를 한 번 더 잡아주는 역할을 한다.

Architectural Hardware Solution by Material

재래공법과 철물공법

하드웨어가 여기저기 흩어져 있는 경골목구조와 달리 기둥-보 구조는 구조재의 결합 부위에만 하드웨어를 사용한다. 또 경골목구조에서는 대부분 하드웨어를 부재 바깥에 설치하지만, 기둥-보 구조는 구조 부재가 크고 두껍다 보니 하드웨어도 커다랗고 투박하다. 그래서 대부분은 보이지 않도록 안으로 집어넣어 숨긴다. 부피가 크고 비노출 제품이 많은 만큼 가격도 경골목구조 하드웨어보다 5~6배 정도 더 높다.

기둥-보 구조의 건축물에 하드웨어를 적용하는 방식은 재래공법과 철물공법으로 나뉜다. 재래공법은 기존의 짜맞춤 방식에 고정 하드웨어를 추가로 설치해 연결을 보강하는 방법이다. 가격이 저렴한 대신 하드웨어의 역할이 소극적이고 접합이 약하다는 단점이 있다. 철물공법은 목재에 홈을 파는 대신 가늘게 틈을 내고 그 안에 하드웨어를 끼워 넣는다. 조립이 끝나면 바깥에서 핀AHf08이나 볼트로 고정해 마무리한다. 재래공법보다 비용이 높은 대신 단면 손실이 적어 튼튼하고, 가공이 간단한 것이 장점이다.

철물공법의 하드웨어는 아직까지 제품화가 많이 되지 않은 편이라 정해진 명칭이 따로 없고 기둥 고정철물이나 기둥-보 철물로 뭉뚱그려 부른다. 기둥 고정철물은 기둥 하부에 설치하는 철물을 뜻한다. 대개 하중을 콘크리트 기초로 전달하고 기둥 아랫면이 콘크리트 표면에 닿지 않도록 막아주는 역할을 한다. 기둥-보 철물은 두 부재가 서로 만나는 위치에 설치해 수평 하중과 전단 하중을 지지하고 전달하는 장치로, 기둥-보 구조 하드웨어의 대부분은 여기에 해당한다.

기성 제품과 제작 하드웨어

기둥-보 구조의 하드웨어는 일본이나 유럽에서 생산하는 기성 제품을 쓰거나 목재를 가공하는 프리컷 업체에서 직접 제작한 하드웨어를 사용한다. 기성 제품의 장점은 검증된 성능과 저렴한 가격이다. 그러나 사용하는 물량이 적고 배송 기간이 길다 보니 비용의 이점이 상쇄된다. 또 규격이 정해져 있어 1mm라도 오차가 있으면 설치가 어렵다. 그래서 목재를 정밀하게 가공하는 프리컷 기술이 뒷받침되어야 한다. 이러한 조건이 맞지 않는 경우에 제작 하드웨어는 좋은 대안이 된다.

제작 하드웨어의 장점은 상황에 맞추어 변화를 줄 수 있는 유연함이다. 이를테면 구멍을 크게 뚫고 볼트로 고정한다거나 미리 구멍을 뚫지 않고 스크류를 직결하는 식으로 연결 방식이 더 간단하다. 단점은 성능에 대한 검증이 기성 제품만큼 충분히 되어있지 않다. 또한 개발 비용이 높아 개별 업체가 시도하기 어렵다는 한계도 있다.

목재 구조재를 제조, 시공하는 경민산업㈜의 이한식 대표는 "안전성과 경제성을 생각한다면 기성 제품을 사용하는 것이 옳지만 이 또한 해외의 조건에 맞춰진 터라 국내에서 성능이 100% 발현된다고 단언하기는 어렵다"며, "장기적으로는 국내 상황에 맞는 하드웨어를 개발하는 방향으로 가야 한다"고 말한다.

Variation of Hardware

다채로운 기둥-보 구조 하드웨어의 세계

목조건축 전문가들은 하드웨어를 가능한 한 적게 사용하고 부재의 가공을 최소화하는 효과적인 접합 방법을 고민한다. 경민산업㈜ 샘플실에서 다양한 방법으로 고안된 제품과 제작 하드웨어를 만났다.

인터뷰 **정경화** 취재 협조 **경민산업㈜**

철근을 활용한 접합법으로, 시공이 간단하면서도 고정력이 강하다. 조립을 위해 넓은 공간이 필요하기 때문에 현장이 협소하다면 미리 부재를 조립해 가야 한다.

네 개의 플레이트 AHcp를 +자로 끼워 고정하는 간단한 구조의 하드웨어다. 기둥에 +자 모양으로 홈을 파내고 플레이트를 서로 맞물리게 설치한다.

암수가 다른 형태의 하드웨어를 부재에 설치하고 위아래를 끼워 맞춰 고정한다. 연결이 깔끔하고 시공이 편리한 것이 장점이다.

대형 스크류 AHf02를 양쪽에서 비스듬하게 꽂아 부재를 연결하는 방법으로 설치가 간편하면서도 효과가 뛰어나다.

스크류가 직접 하드웨어를 관통하며 고정하는 방식이다. 삽입되는 플레이트에 미리 구멍을 뚫지 않아도 돼 설치가 쉽고 간단하다.

목재를 살짝 파내고 하드웨어를 안으로 끼워 넣는 형태로 개발해 고정력을 높였다. 연질 목재 부재를 연결할 때 사용한다.

kmbeam

경민산업㈜

1975년 창립한 국내 최초의 구조용 집성재 전문 업체로 1999년에 KS산업규격인증을 획득하고, 2005년에는 건설기술연구원의 내화구조재 인증을 받으며 국내에 대형 목구조 건축이 자리 잡는 데에 큰 공헌을 했다. 이후 목구조 전문 건설업으로 영역을 확장하여 다양한 용도의 구조용 집성재를 국내시장에 공급하고 있다.

www.kmbeam.co.kr

기둥-보 구조 하드웨어의 선택

더나이스코리아

부산 신항에 위치한 프리컷 공장으로, 중목구조의 프리컷 가공과 더불어 목재와 하드웨어의 유통도 함께 하고 있다. 자재는 유럽과 일본에서 들여오지만, 부산 공장에 설비를 갖추고 직접 가공해 자재 수급에 드는 비용과 시간을 줄였다. 또 국내 CAD 기술자가 건축설계부터 프리컷 도면 작성까지 긴밀하게 협업하며 디자인의 완성도를 더욱 끌어올린다.

"하드웨어를 설치할 때에는 고정 하드웨어AHf를 제 위치에 꼼꼼히 삽입해야 한다. 프리컷 공장에서 미리 선행편을 끼워 오는 부위는 제대로 설치되었는지 한 번 더 점검하자."

최철호 더나이스코리아 부공장장

주소	경상남도 창원시 진해구 신항8로 165
연락처	055-548-8811
홈페이지	www.the-nicecorp.com

사용하는 하드웨어
일본 타츠미Tatsumi의 테크원 P3 공법

일본 철물공법의 약 60%를 차지하는 대중적인 방식이다. 철물이 두꺼워 내구성이 뛰어나고 종류가 다양해 단독주택부터 대규모 공간까지 폭넓게 쓰인다.

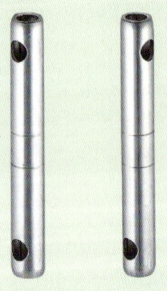
HDP-10   HDP-10(+)

TH-10

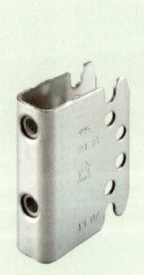
TH-18

TH-24

TH-33

기둥과 보, 기둥과 기둥을 연결하는 하드웨어다. 각인된 선에 맞춰 부재에 삽입하고 드리프트핀으로 고정한다. 단면의 길이가 105, 120, 150, 180mm인 기둥에 사용한다.

기둥과 보, 토대와 멍에를 연결하는 하드웨어다. 폭이 105, 120mm, 두께가 105, 120, 150mm인 부재에 적용한다.

기둥과 보, 보와 보를 연결하는 하드웨어로, 볼트와 드리프트핀으로 고정한다. 90°로 꺾이는 부위를 완만한 곡면으로 제작해 부재가 변형되지 않도록 했고, 모서리는 둥글게 가공해 안전성을 높였다. 적용하는 보의 폭은 105, 120mm로 같고 두께는 왼쪽부터 180~210, 240~300, 330~450mm로 나뉜다.

국내에서 기둥-보 구조를 주로 다루는 프리컷 업체를 두 곳 선정해 사용하는 하드웨어의 종류를 소개한다.
여러 종류의 하드웨어와 적용 공법을 바탕으로 목구조에서 좀 더 다양한 시도를 해보자.

우딘

1982년 설립된 목재 회사로 중목구조와 한옥, 조경시설에 사용하는 목재를 수입, 가공한다. 하드웨어는 우드와이즈 테크놀러지Woodwise Technology 사의 제품을 주로 쓴다.

주소	인천광역시 서구 북항로 54
연락처	032-578-8500~3
홈페이지	www.wood.co.kr

"우드테크 하드웨어를 주요 구조체에 적용하고, 토대나 작은 기둥은 기존의 짜맞춤 방법으로 결속하면 두 공법의 장점을 함께 얻을 수 있다."

엄기성 우딘 목재사업본부 이사

사용하는 하드웨어
일본 우드와이즈 테크놀러지의 하드웨어

일본에서는 1995년 효고현 남부 지진을 겪으며 짜맞춤 방식의 단면결손에 대한 위험성이 처음 지적되었다. 이후 우드와이즈 테크놀러지의 우드테크 공법을 시작으로 철물공법이 널리 쓰이기 시작했다. 우드테크의 하드웨어는 대형 덤프트럭의 바퀴나 초고압 송전선의 연결재에 사용하는 구상흑연주철Ductile cast iron을 재료로 하여 40~45kg/mm^2 정도로 높은 인장강도와 뛰어난 내열성, 내식성을 발휘한다. 지지를 담당하는 아래의 서포트 부분이 넓고 납작한 형태라 접합 부위의 초기 강성을 구현하고 드리프트핀에 가해지는 하중을 효과적으로 분담한다. 이 부위는 부재의 하드웨어 주변으로 갈라짐이 생기는 것을 막아주고 설치 시 적절한 접합 위치를 확인할 수 있는 가이드라인이 되어준다.

WTK

WTTP/WTTB

WTH-15

WTH-24S

WTH-33S

기둥과 기초를 연결하는 하드웨어. 볼트와 직경이 12mm인 드리프트핀으로 고정하고, 단면의 길이가 120, 140mm인 기둥에 적용한다.

기둥과 보, 기둥과 토대를 연결할 때 사용한다. 드리프트핀과 탭핑스크류로 고정하며, 길이가 120~140mm인 부재에 적용한다.

기둥과 보를 연결하는 하드웨어로, 드리프트핀과 탭핑스크류를 이용해 고정한다. 적용하는 부재의 폭은 120~140mm로 같고 길이는 왼쪽부터 150~210, 240~300, 330~450mm로 하드웨어가 길수록 더 큰 부재에 사용한다.

interview 1

목재와 철물로 짓는 집

스튜가목조건축연구소
김갑봉 대표

목조건축 전문 시공사인 스튜가목조건축연구소의 김갑봉 대표는 "모든 하드웨어가 각자의 위치에서 온전히 제 역할을 해낼 때 비로소 하나의 목조건축이 완성된다"고 말하며, 하드웨어의 중요성을 강조한다. 그와 나눈 견고한 목조건축의 미래. 인터뷰 정경화 사진 윤준환(별도 표기 외)

감씨(감): 목조건축 전문 시공사로 자리 잡게 된 배경이 궁금하다.

김갑봉(김): 목조건축은 대개 규모가 작은 편이라 시공 과정을 하나하나 세심하게 다룰 수 있으면서도 결과물이 빠르게 나온다. 건축가나 건축주와 교감할 기회가 많다는 점도 매력적이다.

목조건축은 흔히 떠올리는 한옥부터 경골목구조와 기둥-보 목구조, CLT 목구조, 통나무집까지 종류가 무척이나 다양하다. 우리는 한 가지 방식에 특화하기보다는 여러 구조의 건축을 두루 시공하며 목조에 대한 이해도를 넓혔다. 설계사무소에 몸담았던 경험을 바탕으로 건축가의 디자인을 가장 효과적으로 구현하는 방식을 제안하고 실현하면서 목조건축 전문 시공사로 자리 잡게 됐다.

감: 목조건축은 공법이 다양하기에 시공사의 역할이 특히 중요할 것 같다.

김: 철근콘크리트 구조는 유연하고 포용력 있는 방식이다. 많이 짓는 만큼 자료가 풍부하고 구조체를 만드는 과정이 간단해 웬만한 디자인은 쉽게 구현한다. 반면, 목구조는 시공 속도는 빠르지만 적절한 구조와 공법을 찾기까지의 과정이 길다. 그래서 디자인에 어울리는 구조를 제시하고 이를 실현하는 방법까지도 함께 구상할 수 있는 목조 전문 시공사가 필요하다.

감: 스튜가목조건축연구소에서는 주로 어떤 종류의 프로젝트를 하나?

김: 대부분 시공 속도가 빠르고 비용이 저렴한 경골목구조다. 그중에서도 132~400m² 규모의 주택과 근린생활시설이 많다. 하지만 한국인은 정서적으로 기둥과 보가 드러나는 디자인을 선호한다. 그래서 목구조를 노출하면 좋은 부위는 기둥-보 구조로 시공하고 나머지는 경골목구조로 정리해 디자인과 효율성을 함께 잡는다.

감: 목구조에서 하드웨어의 역할이 궁금하다.

김: 첫 번째는 구조재가 하중을 잘 전달하도록 돕는 것이다. 하드웨어는 짜맞춤 방식의 단점인 단면결손을 개선하기 위해 등장했다. 하드웨어를 이용하면 짜맞춤 방식만큼 홈을 파내지 않고 부재를 고정할 수 있어 결합력이 약해지지 않고 더 많은 하중을 전달하게 된다.

또 한 가지는 구조계산을 가능케한다는 점이다. 짜맞춤은 부재를 끼워 맞추는 방법과 깎아내는 정도에 따라 지지 하중의 편차가 크다. 반면 하드웨어는 수종별로 지지 하중값이 어느 정도 정해져 있다. 이를 바탕으로 구조계산이 가능하고, 검토를 통해 부재의 크기를 줄이거나 하드웨어를 변경할 수도 있다.

목구조는 적절한 구조와 공법을 찾기까지의 과정이 길기에 디자인부터 구현 방법까지 함께 구상할 수 있는 목조 전문 시공사가 필요하다.

감: 목구조에서 하드웨어는 주로 어떤 용도로 쓰이나?

김: 구조용 제품이 압도적으로 많다. 마감용 하드웨어는 못AHf01이나 볼트AHf04 같은 고정 하드웨어AHf를 제외하면 클립류AHcc를 많이 쓴다. 예전에는 하드웨어가 노출되는 것을 선호했지만 요즘에는 숨기는 추세다. 그러다 보니 단면에 홈을 판 다음 클립을 끼워 연결하거나 암수를 거는 방식의 비노출 제품을 쓰는 경우가 많다.

특수 기능을 하는 하드웨어도 곳곳에 사용한다. 대표적으로 층간 소음을 줄여주는 채널이 있다. 바닥 장선과 마감재인 석고보드 사이에 설치하는 것으로 두 부재가 맞닿는 면적을 줄여준다. 면적이 작아지는 만큼 아래층으로 소음이나 진동이 덜 전달되기 때문에 주택에서 종종 사용한다.

감: 목조건축의 하드웨어를 선택할 때에는 어떤 부분을 중요하게 고려해야 하나?

김: 구조용 하드웨어는 정확한 시공법과 물성 자료를 제공하는 제품을 사용해야 한다. 하드웨어가 비싼 이유는 성능을 뒷받침하는 자료를 충분히 축적하고 있어서다. 그래서 브랜드를 선정할 때에는 풍부한 검증 데이터를 갖췄는지, 즉 제품에 대한 신뢰도를 가장 먼저 본다. 수종도 중요한 고려 요소다. 같은 하드웨어라도 수종에 따라 성능이 다르게 발현된다.

마감용 하드웨어는 비와 바람, 햇빛 등의 외부 환경에 노출되는 경우가 많아 소재와 표면마감의 내후성이나 내구성을 꼼꼼히 따져봐야 한다. 같은 철재라도 표면마감의 종류와 두께에 따라 성능이 달라지므로 제품을 구입하기 전에 현장의 조건을 검토하고 적합한 마감인지를 확인하는 것이 좋다.

스튜가목조건축연구소에서 만난 다양한 종류의 목조건축 하드웨어.

구가도시건축에서 설계하고 스튜가목조건축연구소에서 시공한 천리포수목원 플랜트센터.
적재적소에 하드웨어를 사용해 투명한 유리 외벽으로 둘러싸인 공간을 완성했다.

감: 건축가의 디자인을 구현하기 위해 하드웨어를 효과적으로 활용한 프로젝트가 있다면 소개해 달라.

김: 제주 토산리 단독주택(2016)은 구가도시건축에서 설계한 주택으로, 앞뒤 경사가 다른 박공지붕과 깊은 처마가 자아내는 분위기가 인상적인 작업이다. 이 건축물은 처마가 캔틸레버처럼 길게 뻗어나가는 구조라 부재가 애매한 각도로 만나는 경우가 많았고, 창호의 면적이 매우 넓었다. 이런 경우에는 구조재의 절대적인 크기를 늘리거나 하드웨어로 구조를 보강해야 한다. 그러나 건축가는 구조재가 커지는 것도, 하드웨어가 노출되는 것도 원하지 않았다. 그래서 하드웨어를 최소한의 크기로 직접 디자인하고 제작했다. 완성된 건축물에서 하드웨어는 창호나 구조 부재의 일부인 듯 느껴진다. 구조계산이 선행되지 않으면 장치의 크기를 막무가내로 줄이기가 어렵다. 그간 여러 제품을 써보면서 구조계산 자료를 확보한 덕분에 가능했다.

감: 주로 사용하는 하드웨어 브랜드가 있나?

김: 경골목구조는 미국의 목조 하드웨어 브랜드인 심슨 스트롱타이의 제품을 사용한다. 이곳의 하드웨어는 성능에 대한 검증 자료가 풍부해 신뢰도가 높고 기성품이라 가격이 합리적이다. 제품의 종류가 다양한 경골목구조와 달리 기둥-보 구조는 아직 시장이 작고 제품화가 덜 되어 있다. 그래서 하드웨어를 쓸 때마다 구조 검토를 따로 받아야 한다. 이는 기둥-보 구조의 부재를 대부분 프리컷 시스템으로 작업하기 때문이기도 하다. 프리컷 공장에서는 부재를 재단할 때 접합 부위까지 하드웨어에 맞춰 함께 가공한다. 이때 하드웨어는 원하는 것을 고르기보다는 공장에서 보유한 제품을 사용하는 경우가 많다. 결국 프리컷 공장을 결정하면 하드웨어는 그에 맞춰 정해지는 셈이다. 원하는 하드웨어 디자인이 따로 있다면 가공이 가능한지 미리 공장에 확인해야 한다.

감: 국내 제품을 쓰는 경우는 없나?

김: 못이나 볼트 같은 고정 하드웨어는 국내 환경 조건에 잘 맞는 국산 제품을 쓰기도 하지만, 나머지는 아직 검증이 덜 되었다고 본다. 구조 데이터를 만들려면 연구 개발과 테스트 비용이 드는데 이를 충족할 만큼 시장이 크지 않다. 하드웨어의 세트화가 되지 않은 것도 문제다. 예를 들어 행어 AHcc01는 그 제품을 위한 전용 못으로 고정해야 한다. 그러나 국내에서는 자재와 전용 고정 하드웨어가 함께 공급되지 않고 제각각 쓰이기도 한다.

감: 앞으로 제작되었으면 하는 하드웨어 제품이나 기술이 있다면?

김: 우리나라에서는 대부분 콘크리트가 어울리는 모던한 분위기의 건축을 선호한다. 이러한 디자인을 목구조로 풀어내기 위해서는 하드웨어를 더욱 잘 활용해야 한다.

일례로 기둥-보 구조에서는 결합 부위를 보완하기 위해 가새를 덧대는데, 창의 면적이 넓은 경우 가새가 개구부를 가리기 때문에 문제가 생긴다. 요즘에는 가새를 대체할 수 있을 정도로 접합력이 뛰어난 하드웨어를 시도해보고 있다. 천리포수목원의 플랜트센터(2017)는 외벽을 모두 유리로 마감해야 했는데, 하드웨어를 사용해 가새 없이 투명한 입면을 완성할 수 있었다. 이외에도 최근 세 건의 기둥-보 구조 프로젝트에서 각각 다른 업체의 제품을 써보며 장단점을 비교해 보고 있다. 앞으로는 누구나 신뢰하고 쉽게 쓸 수 있는 하드웨어가 많아졌으면 한다.

감: 국내에서 하드웨어를 사용하고 목구조를 짓는 이들에게 조언을 건넨다면?

김: 품질 좋은 제품만큼이나 중요한 것이 정확한 시공이다. 목구조는 정확한 구조계산이 어렵다 보니 높은 안전율을 적용한다. 이러한 상황에 익숙해져서 정확한 데이터가 아닌 경험을 근거로 판단하거나 임의로 시공하는 경우가 많다. 그러나 100년에 한 번 닥치는 상황에도 대비하기 위해 존재하는 것이 구조다. 구조 도면과 제조사의 시방서에 따라 정확하게 시공하고, 구조가 바뀔 때에는 구조 기술사와 협의해야 한다. 그래야 하드웨어가 제대로 기능하는 안정된 목구조 건축물을 만들 수 있다.

제주 토산리 단독주택의 전경. 앞뒤 경사가 다른 박공지붕과 깊은 처마가 자아내는 분위기가 인상적이다.

최소한의 크기로 디자인하고 제작한 하드웨어는 완성된 건축물에서 창호나 구조 부재의 일부인 듯 느껴진다.

제주 토산리 단독주택

설계 구가도시건축
시공 스튜가목조건축연구소
위치 제주특별자치도 서귀포시 표선면 토산중앙로49번길 8
대지 면적 774m²
구조 경골목구조, 기둥-보 목구조, 철근콘크리트 구조(기초)
마감 스프루스(기둥-보 목구조 노출), 수성 페인트, 한지
완공 2016년 3월

사용한 하드웨어

제품명 HSS철물
적용 부위 기둥-보 접합부
자재 업체 베스트프리컷

김갑봉 (스튜가목조건축연구소 대표)

김갑봉은 건축설계와 목구조 건축 이론, 오랜 현장 경험을 토대로 국내 환경에 적합한 목구조 시공을 연구한다. 동시에 건축가의 디자인 콘셉트를 목구조 디테일로 적절히 풀어내 정갈하고 아름다운 건축물을 짓는다. 전통 한옥부터 일본의 중목구조, 북미의 경골목구조와 수퍼E하우스, 유럽의 CLT 목구조와 패시브하우스까지, 수많은 목구조 기술을 융합해 적절한 솔루션을 제공하고 있다.
www.stugahouse.com

Interview 2

편리한 시공을 돕는 다채로운 기술

심슨 스트롱타이는 경골목구조의 본고장인 미국에서 1956년 가장 먼저 하드웨어를 개발했고 지금까지도 시장의 약 85%를 점유하는 선두주자다. 국내에는 건축자재 업체인 엔에스홈에서 1996년부터 제품을 유통하고 있다. 엔에스홈 R&D팀 박준승 대리는 "단순히 하드웨어의 허용 하중만 실험하는 대부분의 업체와 달리 심슨 스트롱타이는 실제 사용할 때와 똑같은 모습으로 설치해서 테스트한다"며, "같은 테스트를 수백 번 반복하며 결과값에 대한 신뢰도를 높여 나가는 과정이 높은 품질로 이어진다"고 말한다.

인터뷰 정경화   인터뷰이 엔에스홈 R&D팀 박준승 대리, 심슨 스트롱타이 다니엘 바틀렛 Daniel Bartlett 엔지니어
사진 제공 엔에스홈

감씨(감): 심슨 스트롱타이가 경골목구조에 집중하게 된 배경이 궁금하다.

다니엘 바틀렛(바틀렛): 미국에서는 연간 약 130만 세대가 목구조로 지어지고, 그중 대부분은 경골목구조다. 수요가 엄청나다 보니 자연히 경골목구조를 중심으로 제품을 생산해왔다. 그러나 최근 목조의 고층화가 트렌드로 자리 잡으면서 상황이 바뀌었다. 목구조 건물을 높게 지으려면 구조용 CLT 목재를 이용하는 CLT 구조를 적용할 수밖에 없다. 유럽에서 CLT 구조가 등장한 이후 우리도 중목구조용 하드웨어의 개발에 뛰어들었고, 현재는 관련 제품을 함께 선보이고 있다.

감: 자사만의 차별화된 기술을 소개한다면?

박준승(박): 쉽고 편리하게 설치하는 방법을 많이 고민한다. 일례로 CSHP는 부재를 수평으로 이을 때 사용하는 스트랩 타이 제품인데, 못AHf01 구멍만 뚫어 있는 기존 제품과 달리 구멍 주변에 네일건의 팁 크기만한 홈이 살짝 파여 있다. 여기에 네일건을 끼우고 쏘면 설치가 훨씬 쉽다.

　　스피드 프롱스Speed Prongs 는 하드웨어 표면에 돌기처럼 튀어나온 부위를 뜻하는 용어로, 편리한 설치를 돕는 자사의 고유 기술 중 하나다. 설치할 곳에 이 부위를 대고 망치로 내려치면 돌기가 목재에 박히면서 임시로 위치를 고정한다. 이렇게 하면 무거운 부재를 설치하는 경우에 하드웨어를 손으로 받치지 않고도 정확하게 시공이 가능하다. 그 밖에도 대각선으로 못을 박을 때 위치를 미리 잡아주는 더블 시어 네일링Double Shear Nailing 을 비롯해 여러 기술을 보유 중이고 계속해서 개발하고 있다.

감: 제품의 표면처리 방법이 다양한데, 어떤 기준에 따라 선택하나?

바틀렛: 우리는 부식 환경에 따라 적용 가능한 소재를 지침으로 엄격하게 정하고 있다. 건조한 지역에는 페인트나 아연도금 철재를, 습도가 중간 정도인 지역은 지맥스Z-MAX를 적용한다. 지맥스는 기존의 아연도금보다 2배 더 많은 양을 도금한 깃으로 방부 목에도 쓸 수 있다. 습도가 높아 부식 위험이 더 크거나 근처에 호수 또는 바다가 있다면 스테인리스 스틸을 써야 한다. 또 스테인리스 스틸은 다른 금속과 닿으면 부식이 발생할 수 있어 못과 스크류AHf02까지 소재를 통일하는 것이 필수다. 한국에서는 주로 아연도금 철재와 지맥스를 쓴다.

감: 경골목구조에서 하드웨어는 어떤 역할을 하나?

박: 목재는 살아있는 재료여서 시간이 지남에 따라 수축팽창이 발생하고 뒤틀리거나 휘어지기도 한다. 하드웨어는 이러한 목재의 물성을 보완하는 장치다. 특히 경골목구조에서는 하중이 지붕에서 기초까지 고르게 전달되는 것이 매우 중요한데, 목재만으로는 구조적으로 해결하기 어려운 부분이 생긴다. 이때 접합 부위에서 부재를 한 번 더 잡아주는 것이 하드웨어다. 이를 두고 누군가는 일종의 보험이라 표현하기도 한다.

감: 국내시장의 동향이 궁금하다. 국내 목조건축에서는 주로 어떤 하드웨어 제품을 사용하나?

박: 국내에서 유통하는 제품은 모두 경골목구조용으로, 대부분은 단독주택을 짓기 위해 구입한다. 그중에서도 지진과 바람으로부터 건물을 지지하는 홀드다운AHca01을 가장 많이 찾는다. 2018년 포항, 경주 지진 이후 내진설계의 중요성이 커지면서 수요가 늘었다. 이외에 장선을 고정하는 조이스트 행어AHcc01, 벽체와 지붕 서까래를 잡아주는 허리케인 타이AHcp02, 층간 부재를 연결하는 스트랩 타이도 자주 쓰인다. 그러나 국내에서는 목조 주택을 대부분 1층 규모로 짓다 보니 조이스트 행어나 스트랩 타이는 점점 더 사용이 줄어들고 있다.

감: 목조건축의 하드웨어를 시공할 때 주의해야 할 사항은?

박: 시공할 때 순서의 중요성을 간과하는 경우가 많은데, 순서대로 작업해야 하드웨어가 제대로 기능한다. 예를 들어 장선용 행어는 쉽게 작업하려고 장선을 먼저 설치한 다음에 행어를

(위쪽부터) 심슨 스트롱타이의 띠철물, 앵글과 조이스트 행어, 그리고 허리케인 타이를 시공한 모습.

끼워 넣는 경우가 많다. 그러나 원칙적으로 행어를 먼저 설치해야 장선을 지지하는 역할을 제대로 할 수 있다.

또 층간 부재에 띠철물AHcp01을 설치하는 경우, 한쪽 층에 고정하고 나서 지붕재, 외장재, 창호까지 모두 시공한 다음에 띠철물의 나머지 한쪽을 고정해야 한다. 그렇지 않고 한번에 설치해버리면 추가로 하중이 가해지면서 바깥으로 휘어지거나 외장재가 탈락할 수 있다.

감: 국내에서는 목조건축 하드웨어에 대한 수요나 개발이 적다. 원인과 이를 해결하기 위한 방안은 무엇일까?

박: 국내에서는 하드웨어의 사용이 선택이다. 어디에 어떤 제품을 써야 한다는 규제가 없기 때문에 예산에 포함되지 않고, 설사 구조 설계 도면에 하드웨어의 사용이 명시되어 있어도 제대로 이행하지 않는 경우가 많다. 그러다 보니 국내의 건축주나 시공자는 '이걸 굳이 써야 해?'라는 인식이 강하다. 목조건축 자체의 수요가 적은 탓도 있겠지만 하드웨어에 대한 인식의 문제다.

바틀렛: 목조건축에서 하드웨어는 선택이 아니라 필수 요소다. 제대로 발전하려면 하드웨어의 사용에 대한 구체적인 기준이 법적으로 마련돼야 한다. 미국에서는 구조설계 단계에서부터 하드웨어를 계획하도록 법으로 규제하고, 건축 공사비에 이에 대한 예산까지 포함한다. 또 실제 현장에서 도면대로 시공하는지를 확인하는 인스펙터 제도를 시행하고 있어 계획과 다르게 시공되면 다시 작업해야 한다. 이러한 제도가 작동하는 덕분에 제대로 구조설계를 하고 적재적소에 하드웨어를 쓰게 된다. 한국 역시 이 같은 법적 규제와 그에 맞는 제도의 도입이 시급하다고 본다.

강원도 평창에 위치한 알펜시아 리조트의 파빌리온(2015). 기존에 설치했던 하드웨어에서 일부 녹이 스는
현상이 발생해 심슨 스트롱타이의 스테인리스 스틸 제품으로 교체했다.

심슨 스트롱타이
심슨 스트롱타이는 연결철물 분야에서 세계적인 명성을 가진 회사로, 1956년 경골목구조용 하드웨어의 제조에서
시작해 현재는 중목구조용 제품까지 다양한 분야의 시장을 선도하고 있다. 단순히 하드웨어를 판매하는 것을
넘어서 안전하고 강한 구조물을 만드는 것을 가장 우선적인 목표로 한다.
www.strongtie.com / www.nshome.net

Interview 3

보이지 않는 방법으로 획득하는 아름다움

로쏘블라스는 이탈리아에서 30여 년 동안 다양한 목구조 하드웨어를 선보여왔다. 단순한 형태로 소재의 미를 극대화하는 디자인을 보고 있자면 건축가 미스 반 데어 로에^{Mies van der Rohe}가 말했던 "Less is more(간결한 것이 더 아름답다)"라는 문장이 떠오른다. 한국 시장을 담당하는 최상혁 기술이사는 "목조건축은 목재가 잘 보여야 한다"며 "최대한 목재를 드러내고 어쩔 수 없이 하드웨어를 노출해야 한다면 아름답게 만들자는 것이 우리의 모토"라 말한다.

인터뷰 **정경화** 인터뷰이 **로쏘블라스 최상혁 기술이사** 사진 제공 **로쏘블라스**(별도 표기 외)

감씨(감): 로쏘블라스에서는 어떤 목구조를 위한 하드웨어를 제조하나?
최상혁(최): 유럽에서는 중목구조 건물을 많이 지어왔고 요즘에는 CLT 구조 또한 강세다. 우리도 이 분야에 중점을 두고 있다. 제품의 85%가량은 CLT 구조와 중목구조, 나머지 약 15%는 경골목구조의 하드웨어다. 그러나 같은 제품도 규격이나 지지 하중에 따라 여러 구조에 호환하여 적용이 가능하기에 개발 단계에서 구조를 명확하게 구분하지는 않는 편이다.

감: 특히 CLT 구조용 하드웨어의 개발에 적극적이다.
최: CLT 구조는 20~25년 전 처음 등장했고 활발히 쓰이기 시작한 것은 최근 10년 정도로 역사가 짧다. 그러나 유럽에서는 단층 건물도 이 구조로 지을 정도로 많이 쓰이고 있다.

기둥과 보, 바닥과 벽의 연결 부위에 설치하는 비노출 하드웨어는 로쏘블라스에서 가장 주력으로 개발하는 아이템이나.

철근콘크리트 구조만큼 튼튼하면서도 시공이 빠르기 때문이다. 또 내진성이 뛰어나 지진이 잦은 이탈리아에서 특히 각광받는다. 기존 목구조의 한계가 높은 건물을 짓지 못한다는 것인데, CLT 구조는 강한 CLT 목재를 사용해 이 단점을 극복한다. CLT 목재는 구조용 판재를 여러 겹 겹쳐 만드는데 이때 나뭇결을 수직 방향으로 교차하며 적층한다. 직물을 짤 때 실을 직각으로 교차해 조직을 밀실하게 하는 것과 같은 원리다. 핀란드에서는 이 구조로 약 50m 높이, 14층 규모의 건물을 짓기도 했다.

감: 그러나 국내의 목조건축은 아직까지 경골목구조 위주다.
최: 어찌 보면 비용과 공간 사이에서의 선택이라 할 수 있겠다. 경골목구조는 벽체가 하중을 지지하기 때문에 벽을 허물면 구조에 무리가 올 수 있다. 반면 기둥-보 구조는 기둥과 보가 하중을 지지하기 때문에 불필요한 벽체를 줄이고 공간을 좀 더 자유롭게 쓸 수 있다. 대신 그만큼 시공이나 자재 비용이 늘어난다.
　우리나라에서는 교외의 전원주택을 저렴한 가격에 시공하기 위해 목조건축을 선택하는 경우가 많다. 그러다 보니 아직까지는 경골목구조가 주를 이루고 기둥-보 구조를 비롯한 중목구조는 새로운 목조 디자인을 지향하거나 탁 트인 공간감을 원하는 경우에 일부 시도되고 있다.

감: 로쏘블라스의 비노출 하드웨어는 별도의 제품군을 둘 정도로 그 종류가 다양하다.
최: 비노출 하드웨어는 기둥과 보, 바닥과 벽의 연결 부위에 설치하는 제품으로, 하드웨어 분야에서 떠오르는 트렌드이자 우리가 가장 주력으로 개발하는 아이템이다. 자재 속에 숨겨지므로 시공이 끝나면 겉으로 보이지 않고 목재가 잘 드러나 목조건축의 아름다움을 살릴 수 있다. 외부 환경에 적게 노출되니 내구성 면에서도 유리하다.

(위쪽부터) 로쏘블라스의 알루 시리즈, LOCK-T, 그리고 UV-T 제품의 모습.

감: 그중 대표 제품을 소개한다면?
최: 알루^{Alu} 시리즈를 가장 많이 사용한다. 이 제품은 기둥과 보, 마룻대와 장선을 연결할 때 조이스트 행어^{AHcc01}를 대체하는 하드웨어로, 세 가지 종류 중에서 부재의 규격과 하중에 맞는 것을 선택한다.
　또 다른 하드웨어인 LOCK-T는 후크처럼 암수를 끼워 맞추는 형태로 설치가 매우 쉽다. 길이가 짧은 제품은 기둥과 보를 연결할 때, 길이가 1m 이상으로 긴 것은 바닥에 벽체를 고정할 때 사용한다.

감: 제품의 성능, 디자인만큼이나 쉽고 빠르게 설치하는 방법을 많이 고민하는 듯하다.
최: 공정은 최대한 쉽고 간단하게, 자재는 가능한 한 적게 사용하는 방법을 고민한다. 일례로 2020년에 출시한 알루 스타트$^{Alu\ Start}$는 벽체와 바닥을 연결하는 하드웨어로, 벽체의 시공 위치를 잡는 가이드라인과 홀드다운^{AHca01}, 콘크리트 바닥의 수평도를 조절하는 세 가지 역할을 동시에 수행한다. 원래는 기초를 타설한 다음 바닥의 수평을 맞추고 벽체의 위치를 잡은 뒤에 앵커^{AHfa}나 홀드다운으로 고정한다. 반면 알루 스타트는 제품 자체에 수평을 잡는 장치가 내장되어 있어 바닥에 배치하면 콘크리트의 평활도에 관계없이 스스로 수평을 맞춘다. 가격은 비싸지만 시공 기간을 일주일은 줄일 수 있다.

감: 소재는 주로 어떤 것을 사용하나?
최: 알루미늄과 철재를 사용하고 제품의 형태에 맞춰 고른다. 철재는 강도가 높은 대신 성형하기가 어렵다. 형상이 복잡한 제품은 여러 부재로 나누어 만들고 용접해서 합쳐야 하는데, 이 경우 용접 부위의 강도가 약해 손상되기가 쉽다. 반면 알루미늄은 철에 비해 강도가 낮은 대신 성형이 쉽다. 또 별도의 표면처리 없이 스스로 산화피막을 형성해 내구성을 발휘한다. 이러한 물성을 고려해 형태가 복잡한 제품은 6000계열의 알루미늄을, 그렇지 않은 디자인은 철재를 사용한다. 알루 시리즈, LOCK-T, UV-T 등 대표 제품은 대부분 알루미늄 소재다.

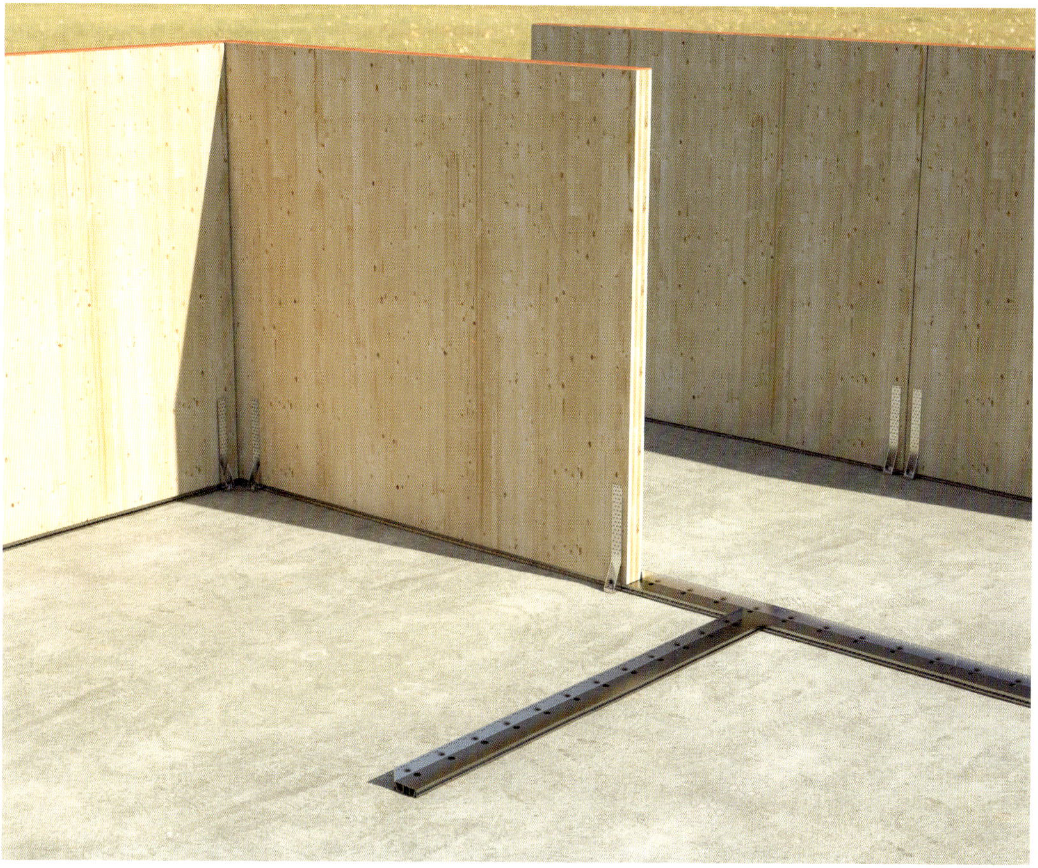

벽체와 바닥을 연결하는 하드웨어인 알루 스타트를 시공한 모습. 하드웨어 하나가 시공 가이드와 홀드다운,
콘크리트 바닥의 수평도를 조절하는 세 가지의 역할을 동시에 수행한다.

로쏘블라스

이탈리아 코르타시아에 위치한 로쏘블라스는 목조건축의 혁신 기술을 지향하는 글로벌 기업이다. 최신의 목구조
하드웨어 기술을 바탕으로 목조건축과 건설 현장 안전 시스템 분야의 선두주자로 자리매김하고 있다.
www.rothoblaas.com

Brick Hardware

벽돌 건축의 하드웨어

벽돌을 한 켜씩 쌓으면서 층층이 모르타르를 채워 만든 벽돌벽. 이 벽돌벽을 구조적으로 안정되게 지지하는 것은 벽돌도 모르타르도 아닌 하드웨어다. 벽돌벽을 견고하게 만드는 하드웨어를 소개한다.

BRICK

**Types of
Brick Hardware**

벽돌을 지지하는 하드웨어의 종류와 사용법

국내에서는 국토교통부에서 규정한 「건축물의 구조기준에 관한 규칙」에 따라 건물의 주요 구조부에 철근을 사용하지 않는 경우 하드웨어를 이용해 보강하기를 권장한다. 이때 사용하는 하드웨어는 벽이 쾌적하게 기능하도록 돕는 부자재와 구조체에 벽돌을 연결하는 부재로 나뉜다. 글 정신오

벽돌벽의 내구성을 높이는 부자재

부자재는 일반적인 하드웨어처럼 벽돌을 직접 지지하거나 구조의 안전성을 개선하지는 않는다. 대신 벽돌벽의 내구성을 높이고 수축팽창이나 백화 등 외부 환경으로 인해 생기는 문제를 해결해 건축물이 오랫동안 처음의 모습을 유지하도록 돕는다.

통풍배수구
벽돌과 구조체 사이의 공간에서 발생하는 습기와 수분을 외부로 배출하여 공기가 순환할 수 있도록 하는 부재다. 수직 줄눈 위치에 설치하고, 위아래로 400mm의 간격을 유지해야 한다. 규격은 일반 벽돌의 높이에 맞춘 57mm와 이형벽돌에서 사용하는 75mm 높이의 제품이 있다.

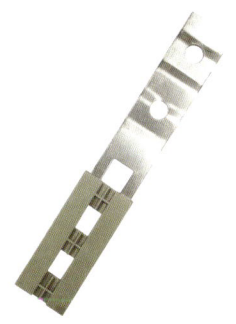

슬립세트
벽돌의 수축팽창으로 인해 균열이 생기거나 손상되는 것을 막아주는 부재로, 벽체의 길이가 9m 이상인 경우에 적용한다. 슬립세트는 슬립과 조인트로 이루어진다. 슬립은 수평면에 설치하는 하드웨어로 표면에 요철이 있어 벽돌이 움직이지 않게 잡아준다. 조인트는 수직으로 설치하는 합성고무 소재의 부재를 말한다. 탄성력이 우수해 벽돌의 수축팽창에 유연하게 대응한다. 시공 방법은 슬립의 가운데 구멍에 조인트를 끼우는 것으로, 600mm 높이마다 설치한다. 조인트를 배치한 다음에는 표면을 실리콘으로 마감해 외기와 접하지 않도록 하는 것이 중요하다.

벽돌을 안전하게 지지하는 긴결 하드웨어

긴결 하드웨어는 벽돌벽을 구조적으로 안전하게 지지하기 위해 사용하는 부재로 L형 앵글과 와이어 연결판, 삼각철물 그리고 구조체 연결용 하드웨어로 이루어진다. 벽돌벽을 보강할 때는 구조체에 연결용 하드웨어를 고정한 뒤 와이어를 설치하고, 삼각철물과 와이어 연결판은 상황에 따라 생략하기도 한다.

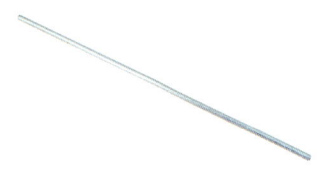

와이어
지진이나 풍압으로 인한 횡력을 벽돌벽에 고르게 분산하기 위해 사용하는 부재다. 와이어 연결판에 끼운 뒤 모르타르에 매립하는 방식으로 설치하고 일반적으로 직경이 3.2mm인 부재를 사용한다. 와이어는 외기나 모르타르에 닿으면 부식될 수 있어 스테인리스 스틸 또는 아연으로 도금한 철선을 쓰는 것이 좋다.

와이어 연결판 AHcp03
PVC 소재로, 충격이 가해졌을 때 와이어가 흔들리거나 탈락하지 않도록 잡아준다. 표면에 홈이 나 있어 바깥쪽에는 와이어를, 구조체와 가까운 안쪽에는 삼각철물이나 핀틀을 끼워서 벽돌벽과 구조체를 연결한다.

삼각철물
철선을 삼각형 모양으로 접어서 만든 하드웨어로, 구조체 연결용 하드웨어를 벽돌벽에 고정하는 역할을 한다. 한 모서리의 양끝이 서로 만나지 않고 평행하게 엇갈려 있는 것이 특징이다. 삼각철물은 끝이 엇갈린 부위를 와이어 연결판에 끼우고 반대편 꼭지점은 구조체 연결용 하드웨어에 걸어서 설치한다.

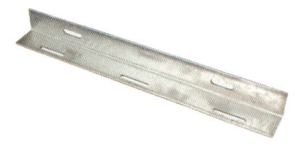

L형 앵글 AHca02
벽돌의 수직 하중을 지지하는 하드웨어를 지칭한다. 쐐기 앵커 AHfa04를 이용해 수직부를 콘크리트 구조체에 고정하고, 수평부는 벽돌 사이에 매립한 후에 모르타르로 덮어 보이지 않도록 마감한다. 일반적으로 두께가 4~9mm인 제품을 사용하고, 3~4m 높이마다 설치한다.

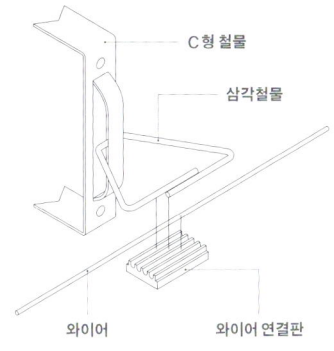

구조체 연결용 하드웨어

긴결 하드웨어를 구조체에 연결하는 하드웨어로, 횡력으로 인해 벽이 앞으로 넘어가는 것을 방지하는 역할을 한다. 구조체 연결용 하드웨어는 타공 부위에 플라스틱 프레임 앵커(칼브럭)AHfa08를 대고 머리가 잠길 때까지 망치로 두드려서 고정한다. 설치할 때는 수평으로 600~900mm, 수직으로 400~600mm 이내의 간격으로 상하좌우가 엇갈리게 배치해야 하중을 고르게 분산할 수 있다.

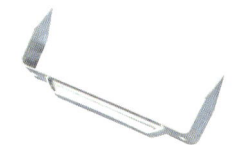

① C형 철물 AHca03

외단열 구조에 적용하는 ㄷ자 모양의 하드웨어를 말한다. 단열재에 위아래 돌출부를 꽂은 뒤 플라스틱 프레임 앵커를 이용해 구조체에 고정한다.

② I형 철물 AHcp04

C형 철물의 위아래에 나 있는 돌출부를 제거한 형태로, 내단열 구조에 적용한다. 단열재에 끼울 필요 없이 플라스틱 프레임 앵커를 이용해 바로 구조체에 고정한다.

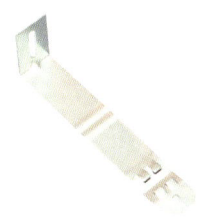

③ L형 철물 AHca04

내단열 구조에 적용하는 하드웨어로 C형, I형 철물과 달리 삼각철물이나 와이어 연결판을 설치하지 않고 직접 와이어를 연결할 수 있다. 부재 종류가 간소해 시공 과정이 비교적 단순하지만 고정력이 떨어진다는 단점이 있다.

　L형 철물을 고정할 때는 몸체가 짧고 두꺼운 콘크리트 못을 이용하고, 못은 지름 5mm, 길이가 32mm인 것을 주로 쓴다.

④ 아이클립 세트

건물 구조체가 시멘트 벽돌이나 블록 벽체일 때 사용하는 하드웨어다. 아이클립AHcc03과 핀틀로 이루어져 있고, 벽돌 사이에 매립하는 방식으로 설치하므로 앵커AHfa나 못AHf01을 쓰지 않고도 시공이 가능하다. 수평으로 600mm, 수직으로 400mm 이내의 간격을 유지하면서 엇갈리게 배치하는 것이 정석이다.

벽돌의 쌓기 방식에 따른 하드웨어 활용법

단정한 배열 속 하드웨어의 숨은 공로
정쌓기

튀어나오거나 구멍 난 곳 없이 반듯하게 쌓는 정쌓기 방식은 길이 쌓기, 마구리 쌓기 등으로 종류가 다양하다. 하지만 시공 방법은 쌓기 방식에 관계없이 동일하다. 벽돌의 모서리가 조금씩 튀어나오는 빗겨 쌓기 역시 정쌓기 방식을 응용한 방법이다.

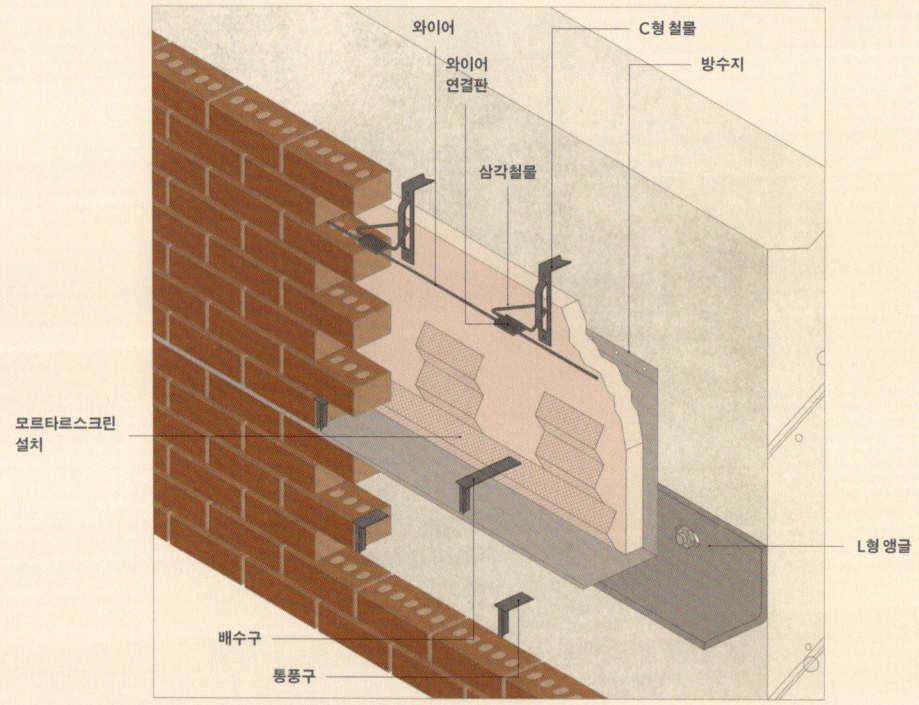

1 플라스틱 프레임 앵커(칼브럭)를 이용해 구조체 연결용 하드웨어를 고정하고, 삼각철물을 설치한다.
2 기준층이 되는 벽돌을 한 단 쌓고, 수직·수평으로 규준실을 설치한다.
3 규준실을 이용해 행과 열을 맞추고, 벽돌 사이에 모르타르를 채우면서 차곡차곡 쌓는다.
4 쐐기 앵커로 L형 앵글을 구조체에 고정한 뒤 다시 벽돌을 쌓는다.
5 구조체 연결용 하드웨어의 높이까지 벽돌을 쌓으면 와이어 연결판에 삼각철물과 와이어를 고정한다.
6 와이어 연결 부위를 모르타르로 덮고 다시 벽돌을 쌓는다.
7 벽돌을 9단 높이까지 쌓은 후에 공기층에 와이어 메시를 V자로 접어서 넣는다. 이때 와이어 메시는 상하좌우가 엇갈리도록 배치해 모르타르가 공기층으로 떨어지는 것을 방지한다.

붉은 벽돌 집에서 흔히 볼 수 있는 정쌓기부터 실내에 은은하게 빛을 드리우는 영롱 쌓기까지.
쌓기 방식에 따라 조금씩 달라지는 하드웨어의 종류와 쓰임을 알아본다. 글 정신오

흔들리지 않는 결합이 관건
영롱 쌓기

영롱 쌓기는 벽돌 사이에 간격을 두기 때문에 구조적으로 불안정하다. 그래서 일반적으로는 벽돌 구멍에 철근을 넣어 흔들리지 않도록 한다. 대도벽돌시스템은 여기에 하드웨어를 더해 더욱 견고한 구조를 구현한다.

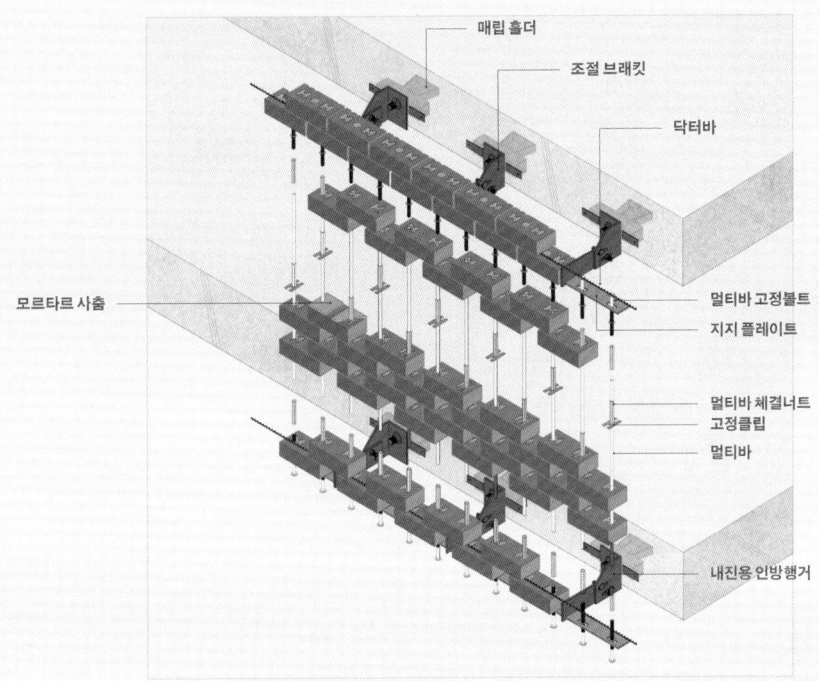

1 조절 브래킷과 매립 홀더를 이용해 지지 플레이트를 구조체에 고정한다. 이때 지지 플레이트는 멀티바 고정볼트를 끼운 상태로 설치한다.
2 고정볼트에 기둥처럼 기다란 형태의 체결너트를 결속하고, 기준층이 되는 벽돌을 쌓는다.
3 기준층 위에 표면이 밧줄처럼 꼬인 닥터바를 배치한다.
4 미리 설치한 체결너트에 멀티바를 끼운다. 멀티바는 표면에 나사산이 있어 체결너트에 고정할 수 있다.
5 멀티바에 벽돌을 엇갈리게 끼우고, 벽돌이 겹치는 부위만큼 모르타르를 사춤한다.
6 4~5의 작업을 반복하고, 중간중간에 고정클립을 끼워 체결너트가 흔들리지 않도록 한다.
7 기준층을 시공할 때와 마찬가지로 고정볼트를 끼운 지지 플레이트를 설치해 마지막 단을 덮는다.
8 고정볼트를 체결너트에 결속해 멀티바의 위치를 고정한다.

Interview 1

대도벽돌시스템 제공

지진에 대비하는 벽돌 하드웨어

국내에서 공장을 두고 벽돌을 생산하는 업체는 30여 곳이지만 철물을 연구하고 개발하는 곳은 드물다. 꼭 필요한 부재임에도 크게 이익이 남지 않는 것이 그 이유다. 이런 분위기 속에 40년 가까이 철물을 연구해온 대도벽돌시스템 원종균 회장이 국내 벽돌 하드웨어의 필요성과 내진 하드웨어의 개발에 대한 소신을 밝혔다. 그와 나눈 이야기 속에 국내 하드웨어의 현실과 앞으로의 방향이 담겨 있다. 인터뷰 정신오 인터뷰이 대도벽돌시스템 원종균 회장

감씨(감): 내진 철물에 집중하게 된 이유는 무엇인가?

원종균(원): 벽돌은 횡력에 약하기 때문에 지진이 발생하면 쉽게 무너진다. 내진 하드웨어를 개발할 당시에는 지진이 드물었지만 지리적으로 일본의 지진대와 인접해 있어 안심할 수 없었다. 우려대로 최근 3년간 크고 작은 지진이 연 100건 정도 발생하고 있다. 기상청에서 공개한 국내 지진 목록을 살펴보면 2017년 223건, 2018년 115건, 2019년 88건의 지진이 있었다. 발생 횟수는 줄었지만 진도3 이상의 지진은 더욱 늘었다.

감: 벽돌벽에 사용하는 하드웨어의 종류와 제품의 장단점은 무엇인가?

원: 벽돌벽은 수직 하중을 지지하고 횡력을 견디는 것이 중요하다. 현장에서는 L형 앵글AHca02과 와이어로 이에 대응하지만 두 하드웨어 모두 약간의 단점이 있다. L형 앵글은 수평면에서 벽돌의 수직 하중을 지지하는데, 현장에서 보편적으로 사용하는 제품은 지속적으로 힘을 가하거나 큰 외력을 주면 쉽게 꺾인다. 또한 풍압이나 횡력에 대응하기 위해 사용하는 와이어는 잘 끊어지고 특히 모르타르가 깨지면 같이 흔들리는 단점이 있다. 우리나라처럼 사계절이 뚜렷하고 건축물을 한번 짓고 나면 크게 수리하지 않는 환경에서는 문제가 될 수 있는 하드웨어다. 우리는 일찍이 지진의 위험성을 감지해 벽돌 내진 철물을 연구했고, 1997년 타이브릭 시스템을 개발해 특허를 받았다.

감: 자체적으로 개발한 타이브릭 시스템에 대해 소개해 달라.

원: 기존에 쓰이던 벽돌 구조용 하드웨어의 단점을 보완한 시스템이다. 타이브릭 시스템은 벽돌벽의 연직 하중을 떠받치는 지지 플레이트와 지지 브래킷, 벽의 처짐을 막는 닥터바 그리고 풍압과 지진에 대응할 수 있도록 하는 하이텍핀 세트로 이루어진다. 지지 플레이트는 L형 앵글의 수평부에 해당하는 부재로, 지지 브래킷과 함께 벽돌벽의 하중을 구조체에 전달하는 역할을 한다. 닥터바는 밧줄처럼 꼬인 형태로 굴곡진 면 사이에 모르타르가 채워지면서 고정력을 높인다. 철근콘크리트 구조에서 돌기가 있는 이형철근을 사용하여 고정력을 높이는 것과 같은 원리다. 닥터바는 벽돌 사이에 배치한 뒤 구멍에 고정 핀을 꽂는 방식으로 설치한다. 제품은 4, 6, 8mm 등이 있고, 줄눈이 얇을수록 가는 닥터바를 사용한다.

감: 쌓기 방식에 따라 시공 방법에 차이가 있나?

원: 정쌓기 방식은 시스템 브래킷을 설치하고, 긴결 하드웨어에 고정핀과 함께 닥터바를 연결한 뒤 모르타르에 매립하는 것으로 부재만 다를 뿐 시공 방식은 동일하다. 하지만 영롱 쌓기를 할 때는 몇 가지 부재와 공정이 추가된다. 일반적으로는 파이프를 꽂은 뒤 나머지 구멍에 모르타르를 채워 흔들림을 막지만 우리는 파이프 위아래를 멀티바 고정볼트로 잡고, 중간중간에 체결너트로 파이프를 감싼다. 두 번에 걸쳐 흔들림을 방지하기 때문에 구조적으로 더욱 견고하다.

감: 천장이나 창의 인방처럼 하부에 지지하는 부재가 없는 부위는 어떻게 시공하나?

원: 인방용으로 제작한 환봉에 벽돌을 한 장씩 끼운 뒤 중앙부를 브래킷AHcb에 걸고 양끝을 벽돌에 얹는 방식으로 쉽게 시공할 수 있다. 인방용 바에는 양끝이 ㄱ자로 꺾인 걸이개가

닥터바는 꼬인 면 사이로 모르타르가 채워지면서 단단히 고정되어 탈락하거나 끊어지지 않는다.

있어 옆의 벽돌에 걸치면 주변의 벽과 깔끔하게 연결된다. 타일 간격재처럼 벽돌의 간격을 동일하게 맞춰주는 하드웨어도 개발했다.

감: 실제로 타이브릭 시스템을 적용한 프로젝트가 있다면?
원: 건축가 승효상이 설계한 신동방 사옥(1999)에 처음 쓰였다. 이 건물은 23층 규모의 입면을 모두 벽돌로 마감했다. 고층 건물에 벽돌을 사용하기 때문에 지진에 안전한 구조를 만드는 것이 더욱 중요했고, 우리는 구조계산을 통해 철물의 설치 간격과 위치를 정했다. 20여 년이 지난 지금까지 구조적인 하자가 발생하지 않았다.

최근에는 제주국제공항 주차빌딩 외부 벽면에 적용했다. 간삼종합건축사사무소에서 설계한 제주국제공항 주차빌딩은 매연을 밖으로 배출하고 인공조명의 일부를 자연광으로 대체하기 위해 입면을 영롱 쌓기로 시공했다. 우리는 이를 타이브릭 시스템으로 구현해 지진에 대한 안전성을 더했다. 2019년 완공된 김해공항의 주차타워 역시 같은 방식으로 시공했다.

감: 건축가와 어떤 단계에서 협의하나?
원: 프로젝트에 따라 다르다. 비정형이나 고층 건물처럼 일반적으로 벽돌을 사용하지 않는 프로젝트는 기획 단계부터 논의한다. 하지만 대개는 설계 단계에서 참여한다. 벽돌 적용 부위의 도면을 받으면 구조계산을 통해 하드웨어의 간격과 개수를 정한다. 시공할 때 현장을 방문해 적용 모습을 확인하기도 한다.

감: 최근 벽돌 보수도 크게 주목받고 있다.
원: 벽돌 건물 대부분은 하드웨어를 적용하지 않던 40~50년 전에 지어졌다. 특히 초·중·고등학교를 포함한 교육시설은 대다수가 모르타르로만 고정했다. 앞서 말했듯 벽돌은 횡력에 취약하기 때문에 하드웨어로 보강하지 않으면 지진이 발생했을 때 벽이 앞으로 쏟아진다. 그래서 하드웨어를 사용하지 않은 벽돌벽을 보수하는 것이 더욱 중요해지고 있다. 하지만 국내에서 벽돌 보수 작업을 하는 곳은 손에 꼽을 정도로 드물다.

감: 하드웨어를 사용하지 않고 시공한 벽돌벽은 어떻게 보수하나?
원: 먼저 보수할 면 아래의 벽돌 일부를 제거하고 지지용 앵글 브래킷을 곳곳에 설치한다. 그리고 수직·수평으로 신축 줄눈을 만들어 벽돌의 수축팽창으로 인해 균열이 생기는 것을 차단한다. 그 다음 보수할 면 주변의 줄눈을 파내고 닥터바를 끼운 뒤, 플라스틱 프레임 앵커(칼브럭)AHfa08를 이용해 구조체에 고정한다. 상하부의 보강이 끝나면 신축할 때와 같은 방식으로 벽돌을 쌓아 구멍을 채운다.

일부 업체는 벽돌에 직접 하드웨어를 박아서 고정하는데 이 방식은 고정한 벽돌이 주변의 수축팽창에 대응하지 못해 위험하다. 실제로 이렇게 보수한 서울의 한 고등학교에서 외벽이 무너지는 사고가 발생하기도 했다.

△△ 하부에 지지하는 부재가 없는 부위는 인방용으로 제작한 환봉에 벽돌을 한 장씩 끼워서 시공한다.

△ 하드웨어를 사용하지 않고 시공한 벽돌벽을 보수한 모습.

김해공항 주차타워 전경. 대도벽돌시스템에서 개발한 영롱 쌓기 시공법을 적용했다.

감: 벽돌 하드웨어 시장의 전망은 어떠한가?
원: 벽돌벽에서의 역할을 생각한다면 벽돌과 하드웨어가 같은 비중으로 개발되어야 한다. 하지만 벽돌 업체 중 자체적으로 하드웨어를 연구하거나 생산하는 곳은 거의 없다. 대부분은 기존의 것을 모방한다. 1992년 미국에서 수입한 시스템이 큰 변경없이 30여 년간 적용되는 모습만 봐도 그간 하드웨어에 얼마나 무관심했는지 알 수 있다. 안전과 직결되는 만큼 하드웨어에 대한 연구와 개발이 절실하다.

우리는 오래된 벽돌 건물을 중심으로 안전점검을 하면서 보수의 중요성을 알리고 있다. 향후에는 하드웨어의 적용 모습을 직접 확인할 수 있는 전시장을 선보일 예정이다.

원종균(대도벽돌시스템 회장)
1990년대 이후 벽돌 건축물의 품질을 높이기 위하여 구조적 안정성을 비롯해 내진, 에너지 성능 개선 등을 연구하였다. 국내 최초로 벽돌 관련 신기술을 개발하였고, 100여 개의 특허를 가지고 있다. 현재는 한국 점토벽돌건축연구원 원장, 한국교육시설물 안전검토위원으로 건축 분야에 기여하고 있다.
www.tiebrick.co.kr

interview 2

벽돌집, 그 과정으로의 순례

소수 건축사사무소
고석홍, 김미희 공동대표
+ 쓰리스퀘어 윤병윤 대표

—
벽돌집을 짓기 위해 건축가와 시공사는 수백 번을 논의하고 수십 번 현장을 탐구한다. 쌓는 모양부터 하드웨어까지, 어느 하나 허투루 결정한 것이 없다. 좋은 벽돌 건물을 짓기 위해 고민하는 건축가 고석홍과 김미희 그리고 시공사 쓰리스퀘어 윤병윤 대표의 노고를 인터뷰에 담았다. 인터뷰 **정신오** 사진 **노경**(별도 표기 외)

감씨(감): 벽돌의 아름다움이 다시금 주목받으면서 오래된 주택가뿐 아니라 도심 한복판에서도 벽돌 건물을 볼 수 있게 됐다.

김미희(김): 사람들이 오랫동안 생활의 터전으로 삼았던 동네에 가보면 벽돌 건물을 쉽게 찾을 수 있다. 벽돌은 동네 풍경을 해치지 않으면서 곱게 무르익어 정겨운 분위기를 만든다. 우리가 계획한 건물이 50년 이상 지속된다고 가정했을 때 벽돌만큼 곱게 세월감을 드러내는 재료가 또 있을까?

고석홍(고): 건축물을 계획할 때 재료를 혼용하지 않는 편인데 벽돌은 입면에 통일감을 주면서도 쌓기 방식을 다르게 적용해 건물에 다양한 표정을 만들 수 있다. 이런 점에 끌려 벽돌에 집중했고, 자주 쓰다 보니 모양이나 색상, 쌓기 방식에 대해 깊이 고민하게 됐다.

감: 일반적인 쌓기 방식을 응용해 입면에 재미를 더한 것이 인상적이다. 어떤 과정을 거쳐 계획하나?

김: 특수한 쌓기 방식은 구현이 가능한지를 먼저 확인해야 하기 때문에 기획 단계부터 자재업체, 시공사와 협의한다. 계획하는 디자인, 예상하는 시공 방식 등을 전달하면 시공 과정에서 생길 수 있는 문제와 함께 고민해야 할 부분을 알려준다. 하드웨어 적용 방식도 이때 논의한다. 어느 정도 구체화되면 협의 내용을 바탕으로 상세도를 그리고 시공 전에 다시 한 번 논의한다.

하지만 계획 단계에서 시공 방식을 결정해도 현장에서 일부 변경되기도 한다. 송파구 가락동 프로젝트는 1층의 기둥과 2층의 내민 보를 곡면이 되도록 연결해 아치 형태의 지붕을 만들었다. 계획 단계에서 처음 시공사와 협의할 때는 아치 형태로 벤딩한 강봉에 벽돌을 끼우고, 하드웨어를 이용해 구조체에 고정하는 방향으로 결정했다. 하지만 현장에서 하드웨어 없이 벽돌을 쌓아 압축력으로 지지하는 방식으로 바뀌었다. 성당에서 주로 사용하는 볼트 구조처럼 말이다. 그래서 아치 모양으로 가설 프레임을 설치하고 프레임을 따라 벽돌을 쌓은 뒤 안쪽 면에 모르타르를 채워 완성했다.

곡면을 만들기 위해 가설 프레임을 설치하고 그 위에 벽돌을 쌓은 모습. 안쪽에 모르타르를 채워 위치를 고정했다.

송파구 가락동 프로젝트

설계 소수 건축사사무소
시공 쓰리스퀘어
위치 서울특별시 송파구 가락동
구조 철근콘크리트 구조
연면적 312.76m²
규모 지상 5층
완공 2020년 11월

사용한 벽돌
──────
제품명 로만그레이 WS3405
규격 240×72×57mm
제조사 우성벽돌

송파구 가락동
프로젝트 전경.

고: 결과물이 계획한 대로 구현되는지 확인하기 위해 스티로폼을 벽돌 크기로 잘라서 목업을 제작하기도 한다. 이를 바탕으로 완성된 후의 형태와 나타날 수 있는 문제점을 1차로 확인한다. 그리고 시공 전에 현장에서 실제 벽돌을 가지고 2차 목업을 한다.

윤병윤(윤): 소수건축은 디테일에 대한 부분이나 시공 과정에서 생길 수 있는 문제를 미리 점검하고 대안을 찾는다. 하지만 그렇지 않은 건축가도 있다. 건물의 완성도는 창대 소재나 앵글 마감 방식처럼 사소한 부분을 어떻게 처리하는지에 따라 크게 달라지는데, 이런 것들을 현장에서 그때그때 처리하려면 대응이 어렵다. 계획 단계에서 미리 고민하고, 시공사와 협의해 필요한 하드웨어를 준비하는 것이 좋다.

감: 하드웨어의 선택 기준이 궁금하다. 벽돌 제조사에서 관련 하드웨어를 함께 취급하는데 브랜드마다 품질 차이가 큰가?

윤: 큰 차이는 없다. 하드웨어는 대부분 같은 공장에서 생산하고, 다른 브랜드를 통해 유통된다. 어떤 곳은 물량을 산출한 뒤 생산공장의 연락처를 주면서 직접 발주하기를 권하기도 한다. 그렇다 보니 벽돌 하드웨어는 개발이 더딘 편이다. 하지만 작업의 효율성이나 완성도를 고려한다면 좀 더 세세하게 계획되어야 한다.

성수동에 위치한 일삶빌딩 전경. 1층은 기둥으로 띄우고 2층 입면부터 벽돌을 적용했다.

감: 하드웨어에 따라 현장의 작업 효율이 달라지기도 하나?

윤: 예를 들어 L형 앵글AHca02은 흔들림이 발생했을 때 수직으로 처질 위험이 있어 타공 구멍이 앵커AHfa의 크기와 동일한 제품을 선택해야 한다. 하지만 구멍에 여유 공간이 없으면 고정 후에 위치 변경이 어렵다. 앵커를 떼서 다시 설치할 수 있지만, 작업이 번거롭고 구조체의 강도가 떨어진다. 이 경우 수평으로 여유 공간을 두면 시공이 조금 더 수월해진다. 이처럼 시공하면서 아쉬운 부분이 생기면 기존의 제품을 응용해 직접 하드웨어를 제작하기도 한다. 향후에는 현장 경험을 바탕으로 제품을 개발해보고 싶다.

감: 일삶빌딩은 층고가 높아질수록 건물이 앞으로 돌출된다. 시공 과정이 궁금하다.

고: 일삶빌딩은 상부로 갈수록 건물의 입면이 튀어나오는 형태라 하부에 지지하는 부재가 없다. 그래서 L형 앵글을 설치하고 그 위로 벽돌을 쌓았다. 곡면은 곡률에 맞춰 레이저로 직접 재단해 만들었다.

브릭 19.75에서는 벽돌을 엇갈리게 시공해 난간을 만들었다.

감: 브릭19.75 프로젝트의 벽돌 난간도 인상적이다.

고: 일조 사선제한에 따라 높이 9m 이상의 외부 공간에는 면의 절반이 개방된 난간을 사용해야 한다. 하지만 시중에 판매하는 외부용 난간은 대부분 금속이라 벽돌 입면과 이질감이 든다. 그래서 벽돌로 직접 난간을 만들었다.

윤: 브릭19.75의 난간은 영롱 쌓기처럼 벽돌이 엇갈리지만 서로 겹치는 면이 전혀 없다. 이 형태를 만들기 위해 단이 바뀔 때마다 철판을 댔다. 철판은 시공하면서 강봉을 용접해 벽돌 고정 위치를 잡고 ㄱ자 철물을 덧대어서 한 번 더 보강했다.

일삶빌딩

설계 소수 건축사사무소
시공 수림종합건설
위치 서울특별시 성동구 성수동
대지면적 138.02m²
연면적 477.55m²
규모 지상 7층
구조 철근콘크리트 구조
완공 2018년 10월

사용한 벽돌

제품명 SH3205 미장토담
규격 190×90×57mm
제조사 삼한C1

브릭19.75

설계 소수 건축사사무소
시공 쓰리스퀘어
위치 서울특별시 양천구 목동
대지면적 193.04m²
연면적 377.64m²
규모 지상 5층
구조 철근콘크리트 구조
완공 2019년 12월

사용한 벽돌

제품명 SH5508 흙칼라토담
규격 190×90×57mm
제조사 삼한C1

갑: 그 밖에 벽돌을 쌓거나 고정하는 것과 관련해 새롭게 시도하는 부분이 있다면?

김: 수직 줄눈 대신 금속판을 입면에 돌출되게 끼워 루버처럼 기능하도록 하는 안을 계획 중이다. 판재는 빗물로 인해 부식되거나 오염되지 않도록 아노다이징한 알루미늄을 선택했고, 지금은 내구성을 검토하고 있다. 향후에는 하중에 무리가 가지 않도록 금속 무게를 조절하고, 금속 줄눈이 뒤로 빠지지 않는 고정 방식을 협의할 예정이다.

갑: 개발이 필요하다고 느끼는 하드웨어가 있다면?

고: 건축가는 구조도 신경 쓰지만 기능적인 부분에 대해 더 많이 고민한다. 영롱 쌓기의 경우 벽돌 사이의 틈으로 물이 들이치기 때문에 물처리를 해야 하고, 일반적으로는 구조체와 벽돌벽 사이의 공간에 스테인리스 스틸 판을 넣고 끝을 벽돌 아래에 고정해 빗물이 철판을 타고 흐르도록 한다. 하지만 이렇게 하면 밖에서 철판이 보이기 때문에 재료의 통일감을 해친다. 또 빗물이 벽을 따라 흐르면서 백화현상을 일으키기도 한다. 우리는 스테인리스 스틸 판에 호스를 연결하고 반대편 끝을 줄눈에 매립해 입면을 훼손하지 않으면서 물을 바깥으로 배출하도록 했다. 이 밖에도 기능적으로 개선되어야 할 부분이 많다. 자유로운 디자인을 구현하면서 기능을 뒷받침해주는 하드웨어가 다양하게 개발되었으면 한다.

윤: 벽돌 건물의 형태도 많이 다양해졌다. 하지만 하드웨어는 여전히 전형적인 직육면체의 건물을 시공하는 데 최적화되어 있다. 경사면이나 곡면을 시공하려면 현장에서 직접 하부 프레임의 도면을 그리고 금속 업체에 제작을 맡겨야 한다. 이렇듯 공정이 복잡하다 보니 대부분은 포기하고 징크로 마감한다. 디자인을 충족하기 위해 여러 가지를 시도하다 보면 관련 하드웨어가 개발되기 마련인데 국내에는 이런 움직임이 부족하다.

기본적인 요소를 체계화하는 과정도 필요하다. 벽돌은 오랫동안 건축재료로 쓰였지만 아직도 제대로 된 기준이 없다. 벽돌 구조를 연구하는 한 건축가는 "구조체 연결용 하드웨어마다 적합한 고정 하드웨어AHf가 있다"고 말한다. 하지만 현장에서는 하드웨어의 종류에 관계없이 플라스틱 프레임 앵커(칼브럭)AHfa08를 사용한다. 규격화가 이루어지지 않은 탓이다. 안전하고 효율적인 벽돌 구조를 만들기 위해서라도 하드웨어를 선택하고 사용하는 것에 대한 매뉴얼이 정립되어야 한다.

경사 지붕에 벽돌을 적용하려면 하부 프레임을 만들고 각도에 맞춰 앵글을 제작해야 하므로 번거롭다.

Architectural Hardware Solution by Material

다양한 형태의 벽돌 건축물을 구현하기 위해서는 기능을 뒷받침하는 하드웨어가 개발되어야 한다.

고석홍, 김미희(소수 건축사사무소 공동대표)
SOSU는 1과 자기 자신만으로 나누어 떨어지는 소수(素數)의 개념에서 출발한다. 보편성과 개별성을 동시에 가지는 소수의 이념은 대지, 건축주의 요구사항, 예산과 같은 여러 가지의 조건을 다각적으로 조직해 고유의 특성을 만들어 나가는 건축물과 닮았다. 이처럼 소수 건축사사무소는 단위 개체로서 건축물의 개별성을 존중하는 동시에 도시의 작은 조직tissue으로서의 건축물의 보편성도 함께 만들어 가고자 한다.
www.sosu2357.com

윤병윤(쓰리스퀘어 대표)
금오공과대학교 건축학과를 졸업하고, 건축사사무소에서 실무를 익혔다. 이후 시공사에서 BIM 관련 업무를 하고 현장을 경험하면서 계획안을 현실성 있게 구현하는 방식을 고민하였고, 이를 바탕으로 시공사 쓰리스퀘어를 설립하였다. 쓰리스퀘어는 여러 프로젝트에서 높은 품질과 완성도를 보여주며 2020년 건축명장으로 선정되었고, 현재는 건축가들의 아이디어를 현실화할 수 있도록 다방면에서 컨설팅하며 스마트 건설을 위해 노력하고 있다.
www.3sq.co.kr

3.3

Stone Panel Hardware

석재 패널 건축의 하드웨어

석재 패널은 견고한 몸체에 다양한 패턴을 덧입고서 건물의 표정을 완성한다. 이때 파사드의 섬세한 표정을 구현하는 숨은 공로자는 바로 석재를 고정하는 하드웨어다. 건축물에 석재 패널을 입히는 다양한 방법과 하드웨어의 쓰임을 알아본다.

STONE

**Types of
Stone Panel Hardware**

석재 패널을 설치하는 공법과 하드웨어의 종류

석재 패널의 하드웨어는 패널이 떨어지지 않도록 고정하는 동시에 자재의 하중을 구조체에 균일하게 전달해 튼튼하고 안전한 외피를 완성한다. 투박한 구조체 위에 한 땀 한 땀 석재 패널을 수놓는 과정, 그리고 그 속에서 하드웨어의 쓰임을 들여다본다. 글 정경화

석재의 앵커 긴결 공법

일반적으로 석재는 모르타르를 이용해 접착하는 습식 공법으로 시공하지만, 규모가 큰 외장 벽체에는 더 튼튼하고 정교한 방법이 필요하다. 이때 사용하는 것이 앵커 긴결 공법이다. 이는 하드웨어를 이용해 건물의 구조체에 패널을 한 장씩 견고하게 고정하는 방법으로, 석재 패널의 하중은 하드웨어인 앵글AHca과 플레이트AHcp, 그리고 앵커AHfa를 거쳐 구조체로 전달된다. 빠른 시공과 균일한 품질, 높은 지지력이 강점인 이 공법은 석재를 고정하는 하드웨어에 따라 핀 고정 방식, 클립 고정 방식, 언더컷 앵커 방식의 세 가지 종류로 나뉜다.

핀 고정 방식

석재의 위아래 단면에 구멍을 뚫고 핀AHf08을 꽂아 고정하는 방식으로, 비용이 적게 들어 국내에서 가장 보편적으로 쓰인다. 그러나 좁은 단면에 가늘게 구멍을 뚫어야 하고 핀을 정중앙에 수직으로 설치해야 하는 등 세심하게 신경 써야 하는 부분이 많아 작업자의 실력에 따라 품질의 편차가 크다.

클립 고정 방식

핀 대신 T-Bar를 ㄱ자 또는 ㄷ자로 꺾어 만든 클립AHcc을 이용한다. 석재 단면에 약 100mm의 길이로 틈을 내고 클립을 끼우면, 꺾인 부분이 석재의 위아래로 걸리면서 하중을 지지하는 원리다. 핀 방식보다 고정 면적이 넓어 무거운 석재도 가뿐하게 견뎌내지만, 장점만큼 단점도 뚜렷하다. 시공사 쓰리스퀘어의 윤병윤 대표는 "핀 고정 방식보다 기술은 더 뛰어나지만, 설치가 끝나면 조정이 어렵고 수직 부위가 꺾이기 쉬워 국내보다는 해외에서 사용하는 편"이라고 설명한다.

언더컷 앵커 방식

앞의 두 방법이 석재의 단면에 하드웨어를 설치하는 것이라면 언더컷 앵커AHfa06 방식은 넓은 뒷면을 활용한다. 드릴로 뒷면에 구멍을 뚫은 다음 언더컷 앵커를 고정하고 앵커의 다른 한쪽은 앵글에 끼워 체결한다. 앵글은 앵커를 거쳐 구조체로 하중을 전달한다. 앞서 소개한 방식에서 핀과 클립이 하는 역할을 언더컷 앵커가 수행하는 셈이다. 현장 작업이 비교적 수월하고 지지하는 하중이 커 여러모로 효율적이다. 또 핀 고정 방식의 경우 석재의 두께가 최소 30mm 이상 필요한 반면, 앵커는 두께가 더 얇은 패널에도 설치가 가능해 적용 범위가 넓다.

핀 고정 방식의 하드웨어

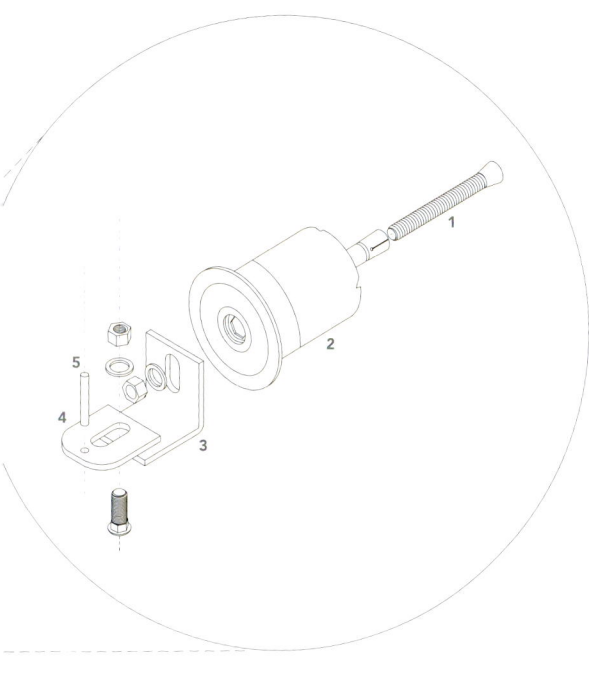

① 앵커

앵커는 콘크리트 구조체에 설치하여 패널의 수직 하중을 지지하는 장치로, 핀 고정 방식에서도 주요한 역할을 담당한다. 세트 앵커AHfa03 또는 화학적 앵커AHfa02를 쓰고 대개 직경이 10mm인 M10 또는 12mm인 M12 세트 앵커를 사용한다. 세트 앵커를 쓰는 경우, 구조체에 45mm 정도의 깊이로 구멍을 뚫고 앵커를 그보다 5mm 정도 더 깊이 삽입해 외부 충격에 잘 견디도록 한다. 단, 벽면 가장자리에 설치하거나 앵커와 앵커 사이의 거리가 너무 가까우면 콘크리트가 깨질 수 있으니 주의하자. 화학적 앵커는 물리적인 힘 대신 접착제의 부착력을 이용하므로 비교적 안전한 편이다.

② 앵글받침

외단열 방식에서는 앵커가 단열재를 관통하여 구조체에 고정된다. 이 과정에서 단열재가 손상되고 틈이 생기는데, 이 부위는 후일 건물의 열이 새어 나가는 주범이 된다. 이를 막기 위해 예전에는 단열재의 일부를 파 내고 앵커를 설치한 다음 우레탄 폼으로 되메우는 투박한 방법을 썼다. 그러나 요즘에는 단열재를 최소한으로 관통하는 형태의 부재를 따로 제작해 외기에 닿는 면적이나 단열재의 손실을 줄인다. 이때 사용하는 부재를 앵글받침이라 부른다. 형태에 따라 원통형, 봉형, 사다리발형 등의 여러 제품이 있고, 금속보다 열전도율이 낮은 플라스틱 소재를 적용해 더 적극적으로 열을 차단하기도 한다.

③ 앵글

패널의 하중을 지지하고 전달하는 장치로, 수직면은 구조체에 고정하고 수평면에는 플레이트를 연결해 구조체와 석재 사이에 간격을 만드는 역할을 한다. 구조체와 앵글 사이에는 플라스틱 소재의 심패드를 끼워 석재의 하중에 의해 앵글이 밀리지 않도록 한다. 석재 패널 한 장당 최소 두 개 이상 설치하고, 플레이트와 닿는 수평면은 평활하게 다듬어 밀착력을 높인다.

④ 플레이트

플레이트는 석재 패널의 아랫면을 직접 지지하면서 앵글과 패널을 잇는 조정판을 뜻한다. 양쪽에 구멍이 뚫려 있어 한쪽은 볼트AHf04와 너트AHf05를 이용해 앵글에 연결하고, 다른 한쪽은 핀을 꽂아 석재에 고정한다. 방식에 따라 앵글과 플레이트가 일체화된 제품을 쓰기도 한다.

앵커 긴결 공법에서는 각 패널에 설치되는 하드웨어가 한 장의 무게를 온전히 지지해 석재의 하중을 아래로 전달하지 않는 것이 매우 중요하다. 이를 위해 플레이트는 하부 석재와 1mm 정도 간격을 두어 완전히 분리되도록 한다.

⑤ 핀(꽂임촉)

석재의 위아래 단면에 설치하는 꽂임촉으로, 아랫면에 설치하는 것은 하중을 지지하고 윗면에 설치하는 것은 층간 변위에 맞춰 위치를 잡는 역할을 한다. 핀을 시공할 때는 상부 석재의 하중이 아래로 전달되지 않도록 단면의 중심부에 석재 두께보다 깊게 구멍을 뚫는다. 또 고정하는 과정에서 에폭시를 쓰지 않아야 한다. 에폭시를 사용하면 외부의 충격을 제대로 흡수하지 못하게 되고 물리적인 고정이 아니기에 내진 설계가 어려워진다.

Issue

Architectural Hardware Solution by Material

석재를 고정하는
똑똑한 방법

석재 패널의 시공에서 가장 중요한 이슈는 자재의 탈락을 막는 것, 그리고 열교의 차단이다. 하드웨어 업체에서는 이 두 가지 목표를 이루기 위해 여러 하드웨어와 공법을 개발하고 있다. 시공 하자를 줄이고 건축의 완성도를 높여주는 제품과 기술을 만나보자. 글 정경화 취재 협조 ㈜대동에스앤티, ㈜이비엠리더

석재의 탈락을 막는 앵커 시스템
㈜대동에스앤티의 스프링 앵커 시스템

석재 패널의 시공하자는 대부분 자재의 탈락으로 인해 발생한다. 이에 ㈜대동에스앤티에서는 석재와 앵글AHca의 연결 부위를 개선하는 것에 초점을 맞춰 제품을 개발했다. 스프링 앵커 시스템은 기존의 핀(꽂임촉)AHf08 공법과 달리 석재 뒷면에 스프링 앵커를 설치해 더 튼튼하게 고정한다. 김철현 대표는 "핀 대신 스프링 앵커를 사용해 강하게 결합하면서도 작업은 전용 드릴로 구멍을 뚫고 설치하는 방법으로 훨씬 쉽고 안전하다"며 시스템의 장점을 소개한다.

△△ 스프링 앵커 유닛 패널 시스템의 하드웨어.
△ 석재의 고정을 담당하는 스프링 앵커.

작업자의 기술에 좌우되지 않는
하드웨어 시공법을 개발하다

영국의 창호&클래딩 기술 센터(CWCT)에서 외장재 시스템의 하자 원인을 분석한 통계자료에 따르면, 작업자의 기술력은 디자인(22%)과 관리감독(16%)을 제치고 35%로 가장 높은 비중을 차지한다. 그는 최근 국내에서 빈번히 발생하는 석재의 시공하자 사례에 대해서도 같은 요인을 원인으로 꼽는다. "시공 인력이 줄고 일부가 외국인으로 대체되면서 작업자의 숙련도가 떨어졌습니다. 또 경쟁입찰이 심해지면서 계속해서 단가를 낮추다 보니 자재 설치를 외주화하는 비율이 점점 더 높아지고 있습니다." 이렇게 시공이 극단적으로 외주화되면 업체에 제대로 된 품질을 요구하기가 어렵다. 더 큰 문제는 상황이 이러함에도 기존의 공법은 시공 품질을 작업자의 양심과 실력에 맡길 수밖에 없다는 것이다.

 기존의 방법이 작업자의 실력에 유달리 영향을 받는 이유는 무엇일까? 국내에서 흔하게 쓰이는 핀 고정 방식은 핀 설치가 까다롭고 시간이 오래 걸린다. 게다가 제대로 시공하지 않아도 겉으로는 잘 드러나지 않아 핀을 에폭시로 대체하는 상황이 발생하기도 한다. 에폭시는 충격을 흡수하지 못하고 깨지는 취성 소재이기 때문에 원칙적으로는 사용이 불가능하다. 국가건설기준센터의 건식 석재공사 표준시방서(KCS 41 35 06:2016)에서 접착용 에폭시를 쓰지 않도록 규정하고 있음에도 이러한 일은 비일비재하게 발생한다. 그는 이에 대한 해결책으로 모든 부재를 빠짐없이 설치해야 완성되는 방법을 개발했고, 스프링 앵커 시스템이라 이름 붙였다. "핀 공법은 핀을 설치하지 않아도 티가 나지 않고 오히려 작업 속도가 빨라지지만, 스프링 앵커 시스템은 앵커AHfa를 설치하지 않으면 패널이 삐뚤어져 시공을 마무리할 수가 없어요. 작업자가 임의로 과정을 건너뛸 수 없게 됩니다."

앵커와 앵글이 만드는 단단한 결속력

스프링 앵커 시스템의 주요한 특징은 앵커를 이용해 석재의 뒷면에서 고정하는 방식과 석재 뒷면에 구멍을 뚫는 가공 기술, 그리고 기계적 연결 구조를 통한 내진 성능의 세 가지로 요약된다.

이를 가능케 하는 첫 번째 구성 요소는 석재의 뒷면에 고정해 직접 하중을 버티는 스프링 앵커다. 언더컷 앵커AHfa06의 일종인 이 앵커는 화강암을 기준으로 약 300~500kg의 인발력을 갖는데, 이는 핀보다 2~3배 더 많은 힘을 버티는 것과 같다. 석재 한 장당 네 개를 설치하면 약 1.5t의 무게를 지지하는 셈이다.

두 번째 구성 요소는 석재와 건물 구조체를 연결하는 반전(反轉) 앵글 시스템이다. 위쪽 앵글은 석재의 하중을 지지하면서 건물 구조체에 연결하고, 아래쪽 앵글은 상부 앵글의 홈에 끼워 설치해 석재의 변위를 완충해주는 역할을 한다. "앵글이 밑에서 석재를 받치는 기존 공법과 반대로 위에서 붙잡는 구조라 반전 앵글이라 이름 붙였어요. 위아래의 앵글이 협업해 석재를 완벽하게 붙잡기 때문에 적층 구조가 되지 않습니다."

석재에 균일한 형상의 구멍을 뚫는 비결

스프링 앵커는 전용 드릴로 석재 뒷면에 구멍을 뚫은 다음 앵커를 끼우고 망치로 두드려 고정한다. "구멍의 깊이와 형상에 따라 하중을 지지하는 정도가 달라져요. 그래서 구멍을 뚫는 것은 스프링 앵커를 사용하는 것만큼이나 중요합니다. 타공할 때에는 언더컷 구멍이 일정한 형태와 크기를 유지하도록 하는 것이 핵심입니다." 구멍은 일반적으로 두께의 40% 정도 깊이로 타공한다. 외장재로 흔히 사용하는 두께 30mm의 석재를 기준으로 하면 약 12mm의 깊이다.

일정한 형상으로 타공하는 기술은 여러 시행착오를 거쳐 탄생했다. 작업자들이 자율적으로 구멍을 뚫는 초기의 방식은 크기와 형상을 같게 유지하기가 매우 어려웠다. 그는 방법을 조금씩 개량해 지금의 건식용 포터블 언더컷 드릴 머신을 고안했다. 드릴비트를 끼운 다음 석재 표면에 대고 손잡이를 누르면서 둥글게 돌리면 균일한 언더컷 형상의 구멍이 만들어진다.

장비에 적용된 또 다른 특징은 분진을 모으는 기술이다. 클립 공법은 석재에 클립AHcc을 끼우기 위해 현장에서 그라인더로 단면을 갈아내는데, 이때 석재 한 장당 약 160g의 분진이

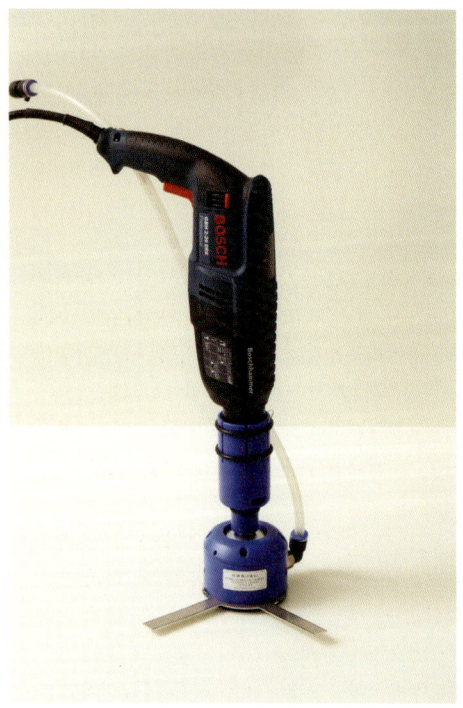

△△ 석재와 건물 구조체를 연결하는 반전 앵글 시스템.
△ 석재에 구멍을 뚫는 건식용 포터블 언더컷 드릴 머신.

호텔 안다즈 서울 강남의 전경. 스프링 앵커 시스템을 적용해 정교한 석재 패널 파사드를 구현했다.

발생한다. 이는 1000세대 규모의 아파트를 짓는 현장이라면 6t 정도, 5000세대 규모라면 30t에 달하는 양이다. 이렇게 발생한 미세먼지는 작업 환경을 열악하게 만들고 작업자가 진폐증을 앓는 원인이 된다. 반면 언더컷 방식은 타공 부피가 적어 발생하는 분진의 양이 10g에 불과하다. 이마저도 드릴에 연결된 집진기가 바로 포집해 발생량을 더욱 줄인다.

물리적 연결로 구현하는 견고한 고정

2019년 3월부터 6층 이상의 건물에서 비구조재인 외장 석재에 대해 내진 설계(KDS 41 17 00)가 의무적으로 적용되었다. 내진 설계가 가능하기 위해서는 에폭시 같은 취성 소재를 이용한 화학적 방법이 아니라 하드웨어를 이용하는 물리적인 방법으로 석재를 연결해야 한다. 기존의 핀 공법은 본래 물리적 연결 구조이지만, 대부분 핀을 빼거나 에폭시를 사용하는 등 원칙대로 시공하지 않아 내진 설계가 불가능하다. 이를 대체하기 위해 등장한 클립 공법 또한 클립을 고정하기 위해 에폭시를 사용한다. "외장재는 건물에 상응하는 내구연한을 가져야 하고, 이는 외장재의 연결 부위에도 똑같이 적용됩니다. 철근콘크리트 구조인 건축물은 내구연한이 60년 정도인데, 본드나 에폭시 접착제는 그 정도로 내구성을 지속하지 못해요. 그러다 떨어지면 안전에 큰 문제가 생기죠. 금속 재료의 물리적 연결로 이루어져야 내진 구조계산이 가능하고 건물의 내구연한에 견줄 정도의 구조적 안정성을 갖출 수 있습니다."

스프링 앵커 시스템은 내진 설계에 부적합한 기존의 공법을 대체하여 최근 더 많은 현장에 쓰이고 있다. 자재 비용은 기존 방식에 비해 5~7% 정도 더 들지만, 견고한 석재를 더 안전하게, 그리고 더 오래 사용하도록 돕는다.

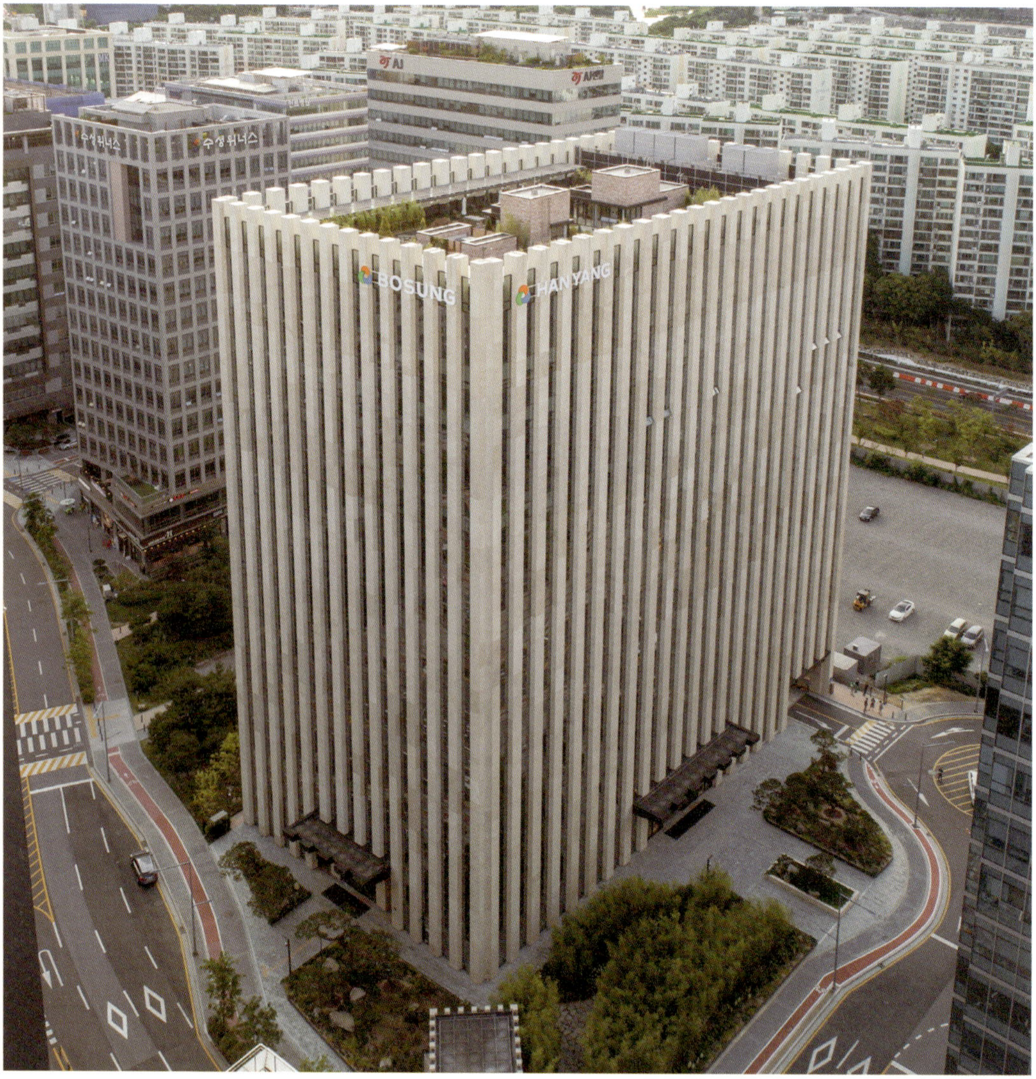

스프링 앵커 시스템으로 석재 패널을 시공한 보성그룹 사옥(2019)의 전경.

SPRING ANCHOR
UNDERCUT ANCHOR FOR STONE & TILE

㈜대동에스앤티

㈜대동에스앤티는 지난 40년 동안 축적한 경험과 노하우를 바탕으로 외장 타일과 석재 패널 설치 시스템을 개발하였다. 이 시스템은 다양한 실증 실험과 현장에서의 적용을 통해 안전성과 효율성을 입증하고 있다.

www.spring-anchor.com

다양한 자재를 맞춤시공하다
㈜이비엠리더의 열교 차단 파스너

㈜이비엠리더는 친환경과 에너지 효율을 목표로 여러 건축 자재를 연구한다. 2012년, 열교를 효과적으로 차단하는 하드웨어의 개발에 뛰어들었고 2016년에는 금속 패널 같은 경량 자재를 비롯해 석재, 타일 등의 중량 외장재까지 아우르는 하드웨어 라인업을 완성했다. 제품은 외단열 방식의 외장재에 적용할 수 있으며, 단열재의 손상을 줄이고 틈을 차단해 외장 시스템의 기밀성을 한층 높인다.

열교 차단 파스너, 새는 열을 잡다

정부에서는 에너지를 효율적으로 사용하고 절약하기 위해 2017년 건축물의 단열 성능을 패시브하우스 수준으로 강화했고, 2025년에는 제로에너지 건축물을 의무화하는 등의 정책을 단계적으로 시행하고 있다. 또 건축물의 에너지절약 설계기준을 연이어 개정하며 단열 기준을 높이고, 열손실이 적은 외단열 방식을 권장한다.

외단열 공법에서는 외장재를 구조체에 고정하기 위해 하드웨어를 사용하는데, 이때 몇 가지 문제가 발생한다. 하나는 금속의 물성으로 인한 열 손실이다. 금속 소재의 하드웨어는 열을 잘 전달하기 때문에 실외의 냉기가 벽체를 통해 유입되거나 실내의 열이 외부로 빠져나가는 요인이 된다. 또 한 가지는 설치 과정에서 하드웨어가 단열재를 관통하면서 생기는 틈과 부재의 손상이다. 이러한 문제점을 해결하기 위해 업체에서는 원통형, 말굽형, 쐐기형 등으로 단열재를 가능한 한 적게 훼손하는 부재를 부지런히 고안한다. 그러나 ㈜이비엠리더 남동균 대표는 이와 같은 공법의 본질적인

㈜이비엠리더의 열교 차단 파스너. (왼쪽 아래부터 시계 반대 방향으로) 싱글 앵커 타입인 베이직과 옵티마, 턴캡, 트윈 앵커 타입인 뉴틸리티와 이고노, 베이지 제품.

문제점을 지적한다. "기존 제품은 단열재의 손상을 줄일 수는 있지만 자체적으로 열교를 낮추거나 설치 과정에서 생기는 틈을 막지는 못합니다. 반면 열교 차단 파스너는 단열재와 닿는 부위에 합성수지를 적용해 열이 새어 나가는 것을 더 적극적으로 차단합니다."

소재로 기밀성을 높이는 방법

열교 차단 파스너는 환봉 형태의 앵커와 앵글, 그리고 지지 플레이트AHcp로 이루어진다. 단열재는 앵커의 크기만큼 제거하기 때문에 기존의 도려내는 방법보다 손실이 훨씬 적다. 앵커와 플레이트가 연결되는 부위에는 폴리프로필렌으로 제작한 캡과 너트AHf05를 덧대어 풀림을 막고 외기를 차단한다. 시스템 창호에서 알루미늄 프레임의 열전달을 막기 위해 플라스틱 단열바를 곳곳에 배치하는 것과 같은 원리다. "폴리프로필렌은 열교를 낮추는 성능이 특히 뛰어납니다. 성능 시험 결과, 캡과 너트를 덧댄 제품은 기존 제품의 35% 정도로 매우 낮은 열류량을 기록했습니다."

지지 하중별 맞춤 라인업

제품은 크게 경량 마감재에 사용하는 싱글 앵커 타입과 중량 마감재에 적용하는 트윈 앵커 타입으로 구분하고, 자재 종류와 마감 거리에 따라 여섯 가지 유형으로 세분화된다.

싱글 앵커 타입은 베이직과 옵티마, 턴캡의 세 가지 종류가 있다. 베이직은 지지 하중이 15~21kg으로 경량 마감재에 적용하며, 특히 패시브 인증 건축물에 활용도가 높다. 옵티마는 앵커의 지지를 돕는 실린더를 추가로 설치해 중량 마감재에도 적용이 가능하다. 또 턴캡은 단열재를 벽 쪽으로 단단하게 밀착하는 것에 최적화한 형태로 제작해 외단열 시스템에 특화했다.

트윈 앵커 타입은 기본적으로 두 개의 앵커를 사용하기 때문에 지지 하중이 30~70kg으로 더 크다. 베이직은 마감거리를 300mm까지 적용할 수 있고, 유틸리티는 400mm로 더 길어 벽체를 돌출하거나 간격을 조절하는 방식으로 입면에 입체감을 줄 수 있다. 제품은 내진에 대한 구조적 안전성을 확보했고 이는 단순히 구조계산만이 아니라 비구조 요소의 내진설계기준(KDS 41 17 00:2019)에 맞춘 해석과 실험을 통해 검증되었다. 이를 위해 부산대학교 산학협력단과 함께 각 부품에 대한 정적실험, 진동대 테스트에 의한 동적실험을 수행했다.

열교 차단 파스너의 맹점은 여러 종류의 외장재에 대해 각각에 맞는 접합 방식을 고민하고, 그에 최적화된 고정 하드웨어AHf를 제품화한 데 있다. ㈜이비엠리더는 이에 그치지 않고 적용 분야를 계속해서 넓힌다. "현재 준불연 성능을 확보한 외단열 시스템용 고정 하드웨어를 연구 중이고, 내년 상반기를 목표로 BIPV 패널[1] 외장재를 위한 열교 차단 파스너를 개발하고 있습니다." 자재별 맞춤 하드웨어는 다양한 외장재를 더욱 정확하게 시공할 수 있도록 도와 건축의 완성도를 끌어 올린다. 이제는 이들처럼 소재 자체만이 아니라 적절히 연결하고 설치하는 방법까지도 함께 고민해야 할 때가 아닐까? 높은 품질의 건축을 더 오랫동안 누리기 위해서라도 말이다.

용어정리
[1] BIPV 패널: 건물 일체형 태양광 발전을 위한 패널. 태양광 패널을 외장재로 활용해 건물 자체에서 태양광 발전을 가능하게 한다.

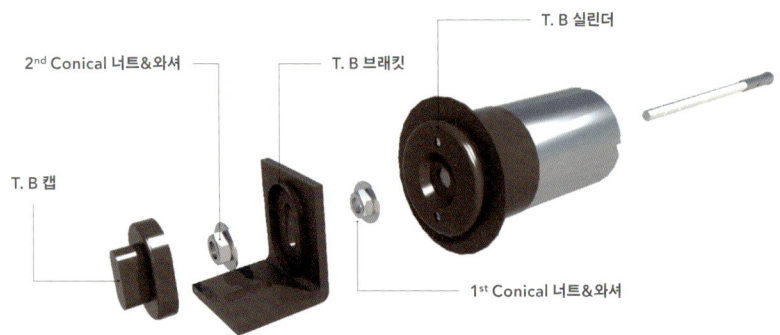

싱글 옵티마 제품의 분해도. ㈜이비엠리더 제공

(위쪽부터) 싱글 옵티마와 트윈 유틸리티 제품을 설치한 모습.

㈜이비엠리더

㈜이비엠리더는 친환경 에너지세이빙 건축자재를 연구·개발하는 회사로 2008년 설립되었다. 정부에서 시행하는 제로에너지건축물 의무화와 건축물 외벽(비구조 요소) 내진 설계 의무화 정책에 적합한 건축자재를 생산하며 업계를 선도하는 리더로 자리매김하고 있다.

www.ebmleader.com

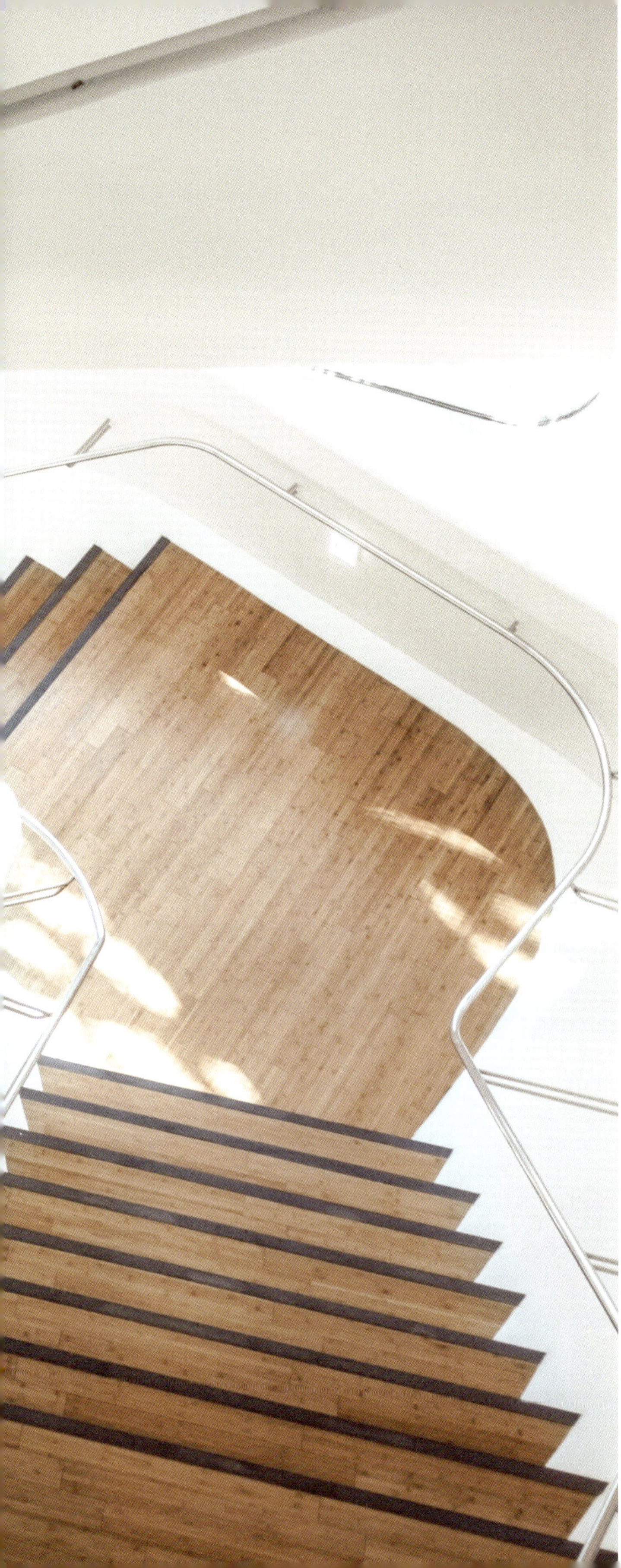

3.4

Railing Hardware

난간의 하드웨어

난간은 벽과는 다른 방식으로 공간을 구분하고 사용자를 보호한다. 난간을 견고하게 잡아주며 안전을 책임지는 하드웨어에 대해 알아보자.

RAILING

**Types of
Railing Hardware**

고정 부위에 따른 난간 하드웨어의 분류

난간은 계단, 옥상, 교량 등 구조물의 경계에서 보행자의 안전을 책임진다. 때문에 부재를 단단하게 결속해야 한다. 벽과 바닥에 고정하는 난간의 하드웨어를 살펴보자. 글 정신오

패널형 난간

바닥에 고정하는 난간 중에서도 기둥 사이에 패널을 고정하거나 난간 동자를 미리 조립해 한번에 설치하는 것을 패널형 난간이라 부른다.

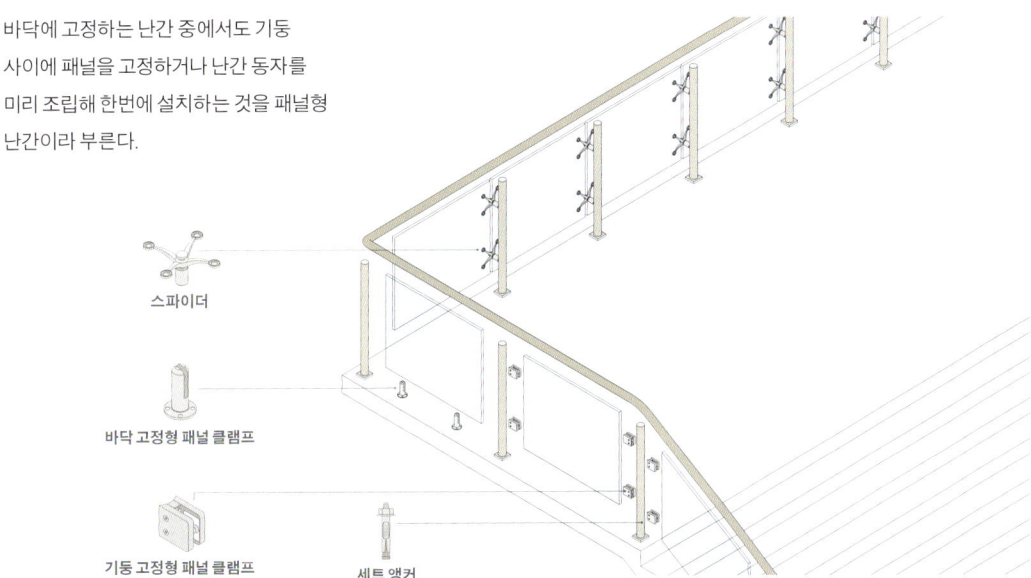

스파이더
바닥 고정형 패널 클램프
기둥 고정형 패널 클램프
세트 앵커

앵커 AHfa

일반적으로 바닥 난간은 베이스 플레이트 AHcp 에 난간 기둥을 용접하고 세트 앵커 AHfa03 로 고정하는 방식으로 설치한다. 이때 세트 앵커는 구조체에 깊숙이 고정되도록 길이가 75mm 이상으로 긴 제품을 사용한다.

패널 클램프

구멍을 뚫지 않은 패널을 난간 기둥이나 바닥에 고정할 때 사용하는 하드웨어다. 일반적으로 난간 기둥에 일체화되어 나오고, 그렇지 않은 경우 볼트 AHf04 를 이용해 고정한다.

중심부가 ㄷ자 모양으로 패여 있어 홈에 패널을 끼우는 방식으로 쉽게 시공하고, 클램프의 구멍에 볼트를 조여서 패널을 움직이지 않도록 고정한다.

패널 스파이더

구멍이 뚫린 패널을 설치할 때 사용하는 하드웨어로, 타공 부위에 접시머리 볼트와 캡너트 AHf05 를 끼우고, 기둥에 연결하는 방식으로 설치한다. 발의 수에 따라 1발형과 2발형, 4발형으로 나뉜다. 일반적으로는 기둥에 스파이더의 중심을 고정하고, 한번에 양쪽의 패널을 잡는 2발형이나 4발형 제품을 사용한다.

매립형 난간

고정 부위를 바닥에 매립한 난간으로, 하드웨어가 적게 노출되는 것이 특징이다. 주로 유리 패널에 쓰이고, 백화점의 홀이나 테라스 같은 공간에서 시각적 방해물을 최소화하기 위해 사용한다. 패널을 매립하려면 여러 하드웨어를 적용해야 하는데 국내에서는 비용의 이유로 성능이 검증된 제품을 쓰기보다는 대부분 현장에서 철판을 접어서 고정한다.

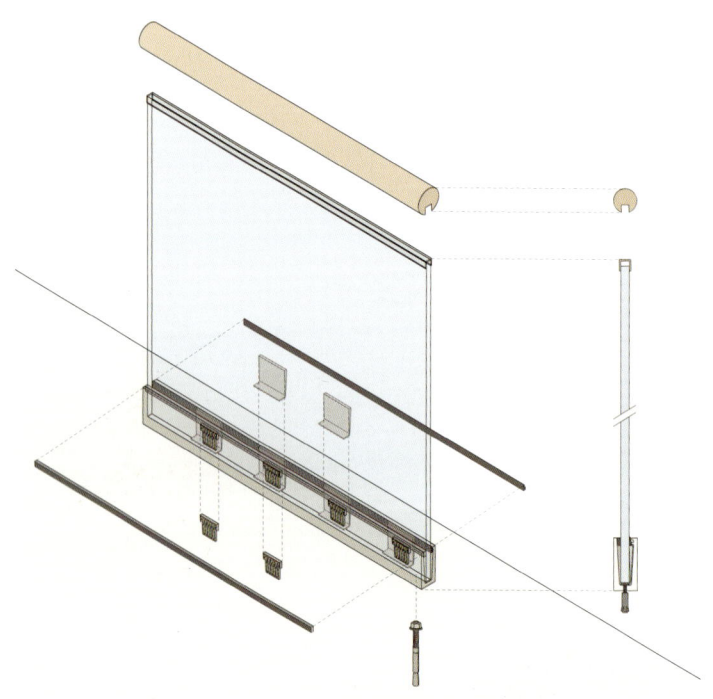

기초 프로파일 Base Profile

패널이 흔들리지 않도록 잡아주는 부재로 단면의 모양에 따라 세 가지로 구분한다. 바닥에 완전히 매립하는 경우에는 ㄷ자형을 사용하고 하부판의 중심에 앵커나 볼트를 박아서 고정한다. 난간을 바닥 옆면에 노출되도록 설치하는 경우에는 h형을 쓰고, 구조체와 맞닿은 면에 앵커를 박는다. 슬래브의 가장자리에 맞춰 난간을 설치할 때는 하부판이 길게 빠진 F형을 쓴다. F형 기초 프로파일은 돌출된 하부판의 중심에 고정 하드웨어AHf를 심어서 설치한다.

앵커

기초 프로파일을 바닥에 고정할 때에는 쐐기 앵커AHfa04 또는 화학적 앵커AHfa02를 쓴다. 전자는 바닥의 구멍과 기초 프로파일의 홈을 맞춘 뒤 쐐기 앵커를 끼우고, 스패너로 조이면 앵커 하부가 확장되면서 부재를 단단히 고정한다. 후자는 기초 프로파일의 구멍을 구조체의 타공 부위에 맞추고 화학적 앵커로 고정한다. 앵커를 설치할 때에는 일렬을 이루면서 100~200mm 내외로 일정한 간격을 유지하도록 한다.

웨지 키트

탄성이 있는 플라스틱 소재의 하드웨어로, 패널이 기초 프로파일 안에서 흔들리지 않도록 잡아주는 역할을 한다. 웨지 키트는 ㄴ자형과 ㅡ자형이 있다. ㄴ자형은 패널의 하부와 측면을 잡아주는 부재로, 기초 프로파일을 고정한 후에 설치한다. ㄴ자형으로 고정할 수 없는 부위는 ㅡ자형을 이용한다. ㅡ자형은 ㄴ자형보다 크기가 작아 1m당 4~6개를 사용하고, ㄴ자형 위에 패널을 고정한 다음 설치한다.

벽 난간

벽에 직접 고정하는 난간을 통칭하는 것으로, 난간 동자가 없어 외관이 깔끔하다. 주로 학교나 병원, 장애인 시설 등 보행 환경이 중요한 공간에 쓰인다. 손잡이와 구조체를 고정하기 위한 앵커와 고정 하드웨어, 손잡이를 지지하는 핸드레일 브래킷 그리고 부재를 연결하고 각도를 조절하는 핸들 커넥터로 이루어진다.

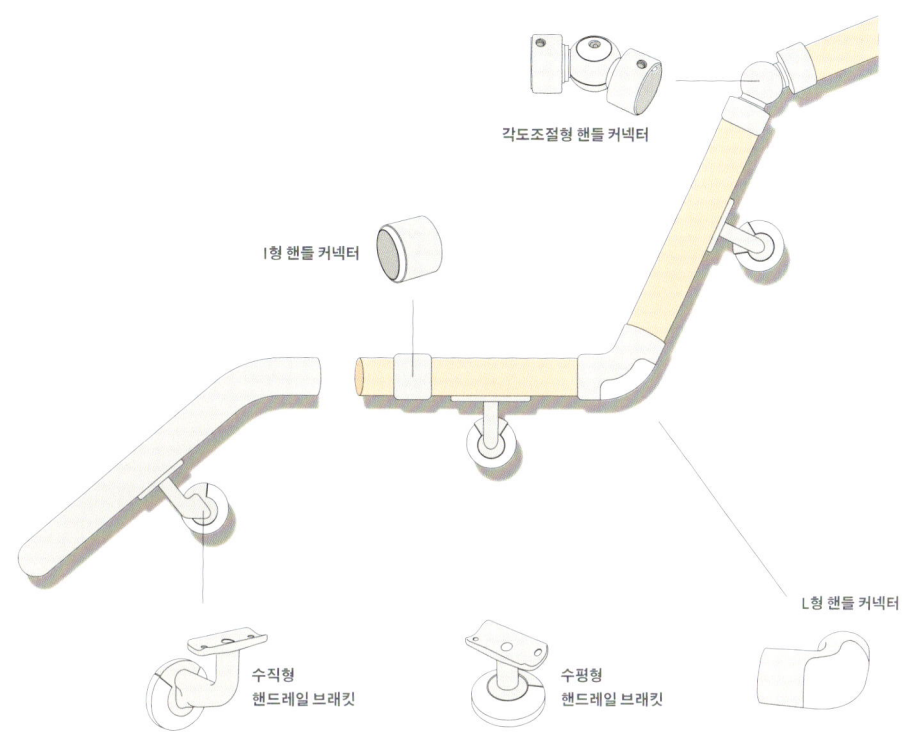

핸드레일 브래킷

난간 손잡이를 지지하는 철물을 브래킷AHcb 또는 지지대라고도 부른다. 벽과의 배치에 따라 90°를 이루는 수직형과 평행한 수평형이 있고, 작동 방식에 따라 회전형과 고정형으로 세분화한다. 회전형은 경사로에, 고정형은 복도와 같은 평지에 적용한다. 하지만 국내에서는 고정형 브래킷의 설치 각도를 조절하여 경사면에 설치하기도 한다.

앵커와 고정 하드웨어

벽 난간은 바탕면의 소재에 따라 사용하는 앵커와 고정 하드웨어가 다르다. 외벽이나 복도처럼 구조체가 콘크리트인 경우에는 콘크리트 나사나 세트 앵커를 이용한다. 세트 앵커는 대개 브래킷에 일체화된 상태로 나오기 때문에 벽에 구멍을 뚫은 뒤 고무망치로 내리쳐 시공한다. 블록구조나 석재로 마감한 입면에는 플라스틱 프레임 앵커AHfa08를 적용하는 것이 일반적이다.

핸들 커넥터

손잡이를 연결하고 각도를 조절하는 하드웨어로 I형과 L형, 각도조절형이 있다. I형은 복도처럼 경사 변화가 없는 공간에 사용한다. 커넥터 안쪽의 플레이트에 나사를 박아서 고정하기 때문에 접합 부위가 겉으로 드러나지 않는다. 반면 코너 부위에 적용하는 L형 커넥터는 하드웨어 바깥에서 고정하여 접합 부위가 노출된다. 마지막으로 각도조절형은 각도를 바꿀 수 있는 것으로, 계단의 시작점처럼 난간의 각도가 변하는 곳에 쓰인다.

interview

하늘을 담은 우물, 그 깊이를 가늠하다

**건축사사무소 에스오에이
이치훈 공동대표**

—
금속 파이프가 일렬로 늘어선 레일 난간은 주변에서 가장 흔하게 볼 수 있는 형태지만 모양이 밋밋하다 보니 어느 건축물에 적용해도 강렬한 인상을 주지 않는다. 서촌에 자리한 브릭 웰Brick Well은 레일 난간의 색상과 형태에 변화를 주어 건축물의 콘셉트를 한층 더 공고히 하였다. 건축가 이치훈을 만나 작은 난간까지 세심하게 계획하여 공간의 결을 맞춘 이야기를 들었다. 인터뷰 정신오 사진 신경섭

감씨(감): 조적 방식부터 중정까지 건물 전체에 스며든 곡선에서 부드러움이 느껴진다. 브릭 웰에 대해 소개해 달라.

이치훈(이): 건축물이 위치한 부지는 우리나라 백송 중 가장 크고 아름다워 천연기념물로 지정되었던 나무가 자리하던 곳이다. 지금은 그루터기와 2세 백송 세 그루, 백송터라는 이름만 남았지만 서촌의 좁은 골목 사이에서 시원하게 시야를 트여주며 쉼터처럼 쓰이고 있었다. 우리는 이러한 골목의 흐름을 건물 내부로 끌어들이고, 수직적으로 확장하고 싶었다. 그래서 건물을 부지의 서쪽 경계선에 인접하게 배치해 골목과 자연스럽게 이어지는 정원을 계획하고, 그 위에 아트리움을 두어 건물이 하늘을 향해 열린 형태가 되도록 했다. 2~4층으로 이어지는 지름 10.5m의 원형 아트리움은 실내 공간과 외부 테라스가 절반씩 접하면서 둥글게 회전하는 동선을 만든다. 이 동선을 따라 걸으면 층마다 다른 분위기의 정원을 만날 수 있다.

감: 원형의 아트리움을 미색의 난간으로 감쌌다. 기성 제품을 사용하지 않고 직접 난간을 디자인했는데 그 이유가 궁금하다.

이: 중정의 경계를 난간으로 구분하기 위해서다. 주변에서 흔히 보이는 레일 난간은 수직 부재 위에 철판을 얹고 용접해서 만든다. 하지만 높이가 1.2m인 난간 동자에 두꺼운 수평바를 설치하면 중정을 올려다 보았을 때 느껴지는 수직적 흐름이 끊긴다. 슬래브 역시 수평의 경계를 형성해 수직성을 해친다. 그래서 슬래브의 위아래 양쪽에 1.2m의 파이프를 고정하고, 구조체 경계선 바깥에서 두 부재를 이어 1.8m의 난간 동자를 만들었다. 이렇게 하면 중정을 올려다 보았을 때 바닥이 아닌 난간의 경계를 먼저 인식하게 된다.

원형 아트리움은 실내 공간과 외부 테라스가 절반씩 접하면서 둥글게 회전하는 동선을 만든다.

감: 난간을 계획하면서 신경 쓴 부분은 무엇인가?

이: 일반적인 레일 난간은 상부에 설치한 철판이 수직 부재를 흔들리지 않도록 잡아준다. 하지만 브릭 웰은 난간 동자가 독립적으로 설치되어 있어 개별 부재가 강성을 갖춰야 했다. 그래서 원형 파이프의 곡률과 난간 동자 사이의 간격을 중점적으로 고민했다. 브릭 웰의 난간 동자는 지름 10mm의 원형 파이프를 50mm 반경으로 벤딩했고, 바닥 고정부보다 바깥 선에서 부재를 용접하여 두 겹이 되도록 했다. 이렇게 하면 상부를 고정하지 않아도 기댔을 때 흔들리지 않는다.

감: 난간이 촘촘하게 배치되어 있는데, 여기에 쓰인 파이프의 양은 어느 정도인가?

이: 난간은 각도가 1° 변할 때마다 설치했다. 그러려면 약 10cm 간격마다 배치해야 해 한 층당 아트리움 지름의 60배에 달하는 파이프가 필요하다. 지름이 약 11m인 브릭 웰의 아트리움은 한 층에 650m 정도의 파이프가 쓰였다.

감: 디자인 면에서는 어떤 부분에 신경 썼나?

이: 색상에 신경 썼다. 주변에서 흔히 볼 수 있는 은색 난간은 벽돌 입면과 이질감이 든다. 우리는 벽돌과 창호의 프레임에 잘 어울리는 미색을 선택했고, 현장에서 목업을 하면서 색의 진한 정도를 결정했다. 그리고 공장에서 제작한 파이프를 1.2m 단위로 재단하고 도장해서 현장으로 운반했다.

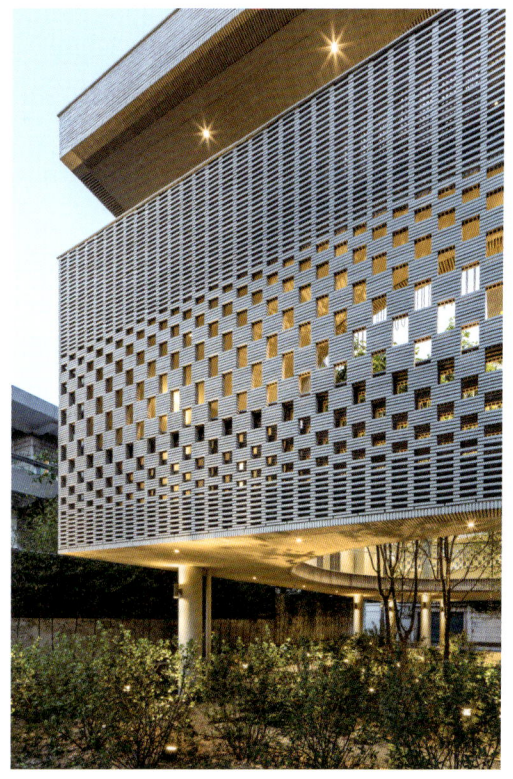

△△ 브릭 웰은 벽돌의 개수를 달리하여 입면에 패턴을 더했다.
△ 3층 전경. 건물 곳곳에 자리한 곡선이 인왕산의 산세와 조화를 이룬다.

브릭 웰

설계 강예린, 이치훈, 박영서
위치 서울특별시 종로구 통의동 35-17
대지면적 560.2m²
연면적 996.17m²
규모 지상 4층
구조 철근콘크리트 구조
마감 벽돌, 노출콘크리트, 사비석
완공 2020년 6월

감: 난간은 어떻게 설치했나?

이: 콘크리트를 타설하는 단계에서 철근을 미리 매립하고, 배근 부위가 덮히지 않도록 벽돌을 시공했다. 그리고 난간 동자를 끼운 수평 판재를 철근에 용접했다. 이렇게 하면 철근은 앵커AHfa와 같은 역할을 하며 난간과 구조체를 연결한다. 또 벽돌 사이에 약 1m 간격으로 브래킷AHcb을 설치하고, 난간 동자를 접합해 이중으로 보강했다.

이 방식을 적용하면 안정된 구조를 만들면서 지지 부재를 마감재 안쪽에 매립하여 표면을 깔끔하게 마감할 수 있다.

감: 프로젝트에서 난간을 직접 제작하면서 아쉬웠던 점이 있었다면?

이: 용접하면서 도장을 균일하게 마감하지 못한 것이 아쉽다. 난간의 수량이 많다 보니 일부는 공장에서 조립하고 도장해서 현장으로 가져왔는데, 부재를 용접하는 과정에서 도장 부위가 손상되고 표면이 부풀었다. 용접의 가장 큰 단점이다. 어쩔 수 없이 현장에서 다시 도장해서 보완했다.

감: 기성 제품과 비교해 제작 난간의 장단점은 무엇인가?

이: 공간의 콘셉트나 건물의 디자인에 어울리게 색상이나 형태를 계획할 수 있다는 것이 장점이다. 반면 설치를 위해 직접 디테일을 개발하지 않는 이상 현장에서 용접해 고정할 수밖에 없다. 실제로 이러한 이유로 대부분 기성 제품을 사용한다. 하지만 조금만 더 신경 쓴다면 건물의 완성도가 크게 달라진다.

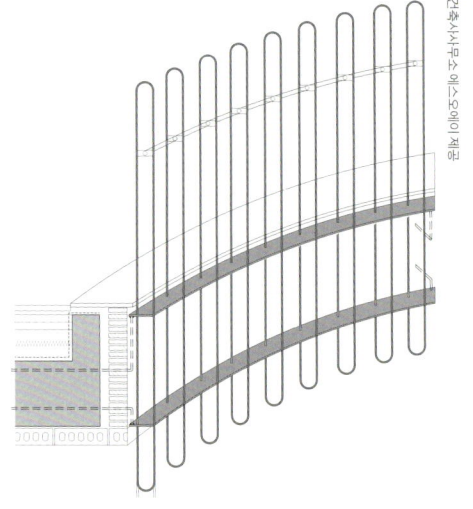

(왼쪽부터) 아트리움의 난간 모습과 상세도. 철근에 1차로 고정하고, 브래킷에 난간 동자를 용접하여 구조를 보강했다.

브릭 웰은 복잡한 서촌의 골목 사이에서 시원하게 시야를 열어주며 쉼터를 제공한다.

이치훈 (건축사사무소 에스오에이 공동대표)
건축사사무소 에스오에이SoA는 2010년 서울에서 설립된 젊은 건축가 그룹으로, 도시와 건축의 사회적 조건에 대한 분석을 통해 다양한 스케일의 구축환경에 관한 작업을 진행한다. 또 현대의 삶에 대한 이해를 바탕으로 그것이 더욱 풍요로워질 수 있는 건축의 새로운 가능성을 빛고 추구한다.

4
SUPPLEMENT

건축 하드웨어 브랜드 정보

소재에 꼭 맞는 하드웨어를 찾는 이들을 위해 준비한 가이드. 목재와 벽돌, 석재를 단단히 고정하고 효율적으로 시공하는 방법이 궁금하다면 이 브랜드를 살펴보자.

목조건축의 하드웨어

❶ 경민산업㈜

취급제품	기둥-보 목구조 하드웨어, 구조용 집성재, 프리컷 가공
주소	인천광역시 서구 건지로 284번길 112
연락처	032-575-7871
홈페이지	www.kmbeam.co.kr
특징	목구조 부재 제조와 시공 전문

❷ 로쏘블라스

취급제품	목구조 하드웨어, 고정 하드웨어, 멤브레인, 방수재
주소	Via Dell'Adige N. 2/1-39040 Cortaccia (BZ), Italy
연락처	010-4380-1348
홈페이지	www.rothoblaas.com

❸ 메가타이

취급제품	경골목구조 하드웨어, 펜스용 하드웨어, 지붕 하드웨어
주소	경기도 광주시 곤지암읍 연곡길 11
연락처	031-764-6799
홈페이지	www.megatie.com

❹ 세르파커넥터 Sherpa Connector

취급제품	목구조 하드웨어, 조경 시설물 하드웨어, 가구 하드웨어
주소	경기도 하남시 서하남로 136 204호 유니우드㈜
연락처	02-478-7504
홈페이지	www.uniwood.kr

❺ 심슨 스트롱타이

취급제품	목구조 하드웨어, 고정 하드웨어
주소	경기도 광주시 오포읍 오포로 456번길 5 엔에스홈
연락처	031-766-0800
홈페이지	www.nshome.net

❻ 우드와이즈 테크놀러지

취급제품	기둥-보 목구조 하드웨어
주소	인천광역시 서구 북항로 54 우딘
연락처	032-578-8500~3
홈페이지	www.wood.co.kr

❼ 타츠미

취급제품	기둥-보 목구조 하드웨어 (테크원 P3 공법)
주소	경상남도 창원시 진해구 신항8로 165 더나이스코리아
연락처	055-548-8811
홈페이지	www.the-nicecorp.com www.tatsumi-web.com

벽돌 건축의 하드웨어

❶ 대도벽돌시스템

취급제품	벽돌 하드웨어, 내진 시스템
주소	서울특별시 송파구 충민로 56 가든파이브웍스, S-407호
연락처	02-449-9636
홈페이지	www.tiebrick.co.kr

❷ 대일텍

취급제품	벽돌, 블록, 벽돌 하드웨어
주소	(본사 및 공장) 충청북도 음성군 생극면 생극산단로 106 (서울사무소) 서울특별시 송파구 법원로9길 26 H비지니스파크 3F
연락처	043-750-7325 (블록) 02-575-9013(철물)
홈페이지	www.daeiltec.co.kr

❸ 삼한C1

취급제품	건축·보도용 점토벽돌, 이형벽돌, 벽돌 하드웨어
주소	(본사) 대구광역시 동구 동부로 99 (공장) 경상북도 예천군 풍양면 상품로 1368-50 (쇼룸) 서울특별시 강남구 봉은사로 114번길 38, 405호
연락처	(대표번호) 1599-9989 (쇼룸) 02-552-7723
홈페이지	www.ebrick.co.kr
특이사항	벽돌 주문제작 최소수량 10만 장, 소량 구매시 온라인 쇼핑몰 이용

❹ 상산쎄라믹

취급제품	점토벽돌, 점토타일, 벽돌 하드웨어
주소	(본사 및 공장) 충청북도 진천군 덕산면 귀농1길 121-46 (서울사무소) 서울특별시 송파구 송파대로 260 제일오피스텔 505-5호
연락처	1661-7586
홈페이지	www.ssbr.kr

❺ 모전산업

취급제품	벽돌 건축물 보수·보강
주소	경기도 이천시 장호원읍 이풍로 33번길 40-17
연락처	031-641-5355
홈페이지	www.mojeon.kr

석재와 타일 하드웨어

❶ ㈜가이인터내셔날

취급제품	외장 타일 고정 시스템 (커튼월, 일반 패널)
주소	서울특별시 강남구 학동로 24길 11 1~2층
연락처	02-514-4663
홈페이지	www.tile.co.kr

❷ ㈜대동에스앤티

취급제품	석재 고정용 스프링 앵커 시스템
주소	서울특별시 성동구 성수일로 10 서울숲 ITCT 701호
연락처	02-942-1982
홈페이지	www.spring-anchor.com

❸ ㈜이비엠리더

취급제품	열교 차단 파스너, 실내 루버형 집광채광 시스템, 외부 베네시안 블라인드(EVB)
주소	(본사) 경기도 포천시 호국로 918-48 공장 제1동, 제2동 (서울사무소) 서울특별시 중랑구 동일로 829 4층
연락처	02-3494-2901
홈페이지	www.ebmleader.com

참고자료

단행본
- Edward Allen · Joseph Iano.『건축시공 및 재료학』. 이한승(역). 시공문화사, 2010.
- 김종원.『건축재료와 구법』. 기문당, 2010.
- 주진형.『건축재료와 디자인』. 형설출판사, 2018.
- 조준현 · 조민석.『건축재료학』. 기문당, 2017.
- 안동훈 외 2명 지음.『건축재료학』. 예문사, 2017.
- 필리스 스펄링 · 룹 디도노.『목조주택 디자인과 시공』. 기문당, 2015.
- 성경일.『목조주택 설계&시공 디테일』. 주택문화사, 2014.
- 조준현.『현대건축재료』. 기문당, 2014.

논문
- 박재철. "강구조용 볼트 · 너트 · 와샤 셋트에 관한 일반정보",『한국강구조학회지』, 2003,12. pp.60-66.
- 정대운, 유일한. "건설용강재 수입재 사용실태 및 인식 조사".『건설관리(한국건설관리학회지)』, 2016,6. pp.43-58
- 권기혁. "나선형 긴결철물을 이용한 조적치장벽체의 전단거동에 관한 실험연구",『한국구조물진단학회지』, 2007,3. pp.145-154.
- 오명호, 김영호 외 3인. "외벽조적벽체 연결철물의 내진성능에 관한 실험연구".『한국방재학회논문집』, 2018,12. pp.21-28
- 박선구, 정대운. "전문건설업 업종별 자재시장 기초 연구".『건설정책저널』, 2016,6. pp.48-51
- 박병태, 권기혁. "조적조 건물의 연결철물보강에 따른 내력 및 연성에 관한 실험적 연구",『한국구조물진단유지관리공학회논문집』, 2015,5. pp.113-121
- 김정신. "한국 근대초기 서양 목구조의 수용과 교회 내부공간형태에 관한 연구",『한국실내디자인학회 논문집』, 2005,10. pp.10-17.

보고서
- 2020년 하반기 적용 건설업 임금 실태 조사 보고서 (서울:대한건설협회, 2020), 3~5.

웹사이트
- 대도벽돌시스템 www.tiebrick.co.kr
- 로쏘블라스 www.rothoblaas.com
- 소수 건축사사무소 www.sosu2357.com
- 스튜가목조건축연구소 www.stugahouse.com
- 쓰리스퀘어 www.3sq.co.kr
- 아키데이타 www.archidata.co.kr
- 엔에스홈 www.nshome.net
- 위드웍스 www.withworks.kr
- 건축사사무소 에스오에이(SoA) www.societyofarchitecture.com
- ㈜대동에스앤티 www.spring-anchor.com
- ㈜이비엠리더 www.ebmleader.com

건축재료 처방전

'건축재료 처방전' 〈감 매거진GARM Magazine〉은 자신의 공간을 스스로
만들 수 있는 최소한의 방법을 안내합니다. 그 시작은 건축의 가장 작은
물리적인 단위인 재료에 대한 고찰입니다.
'감'은 순우리말로 재료를 뜻합니다. 감 매거진을 만드는 에잇애플8apple의
출판 브랜드 '감씨garmSSI'는 건축 재료인 감의 씨앗으로, 새로운 재료와
그 구축 방법에 관한 정보를 축적하고 재배치하는 일을 수행해 나가는
창작 집단입니다. 당신의 공간에 적합한 재료를 처방하고 더 나아가
개인의 창조력을 현실화하는 방법을 함께 논의합니다.

감씨는 에잇애플에서 발행하는
건축재료 단행본 시리즈의 브랜드입니다.